L'ENFER DE KATHY

DANS LA MÊME COLLECTION

Ouarda Saillo, *Lune de larmes*, 2008.

Senait Mehari, *Cœur de feu*, 2008.

Jacky Trevane, *Fatwa*, 2007.

Julie Gregory, *Ma mère, mon bourreau*, 2006.

Mende Nazer, *Ma vie d'esclave*, 2005.

Nura Abdi, *Larmes de sable*, 2004.

Choga-Regina Egbeme, *Je suis née au harem*, 2003.

KATHY O'BEIRNE

L'ENFER DE KATHY

traduit de l'anglais
par Émilie Rofas

l'Archipel

Ce livre a été publié sous le titre
Kathy's Story
par Mainstream, Édimbourg, 2005.

www.editionsarchipel.com

Si vous souhaitez recevoir notre catalogue
et être tenu au courant de nos publications,
envoyez vos nom et adresse, en citant ce livre,
aux Éditions de l'Archipel,
34, rue des Bourdonnais 75001 Paris.
Et, pour le Canada, à
Édipresse Inc., 945, avenue Beaumont,
Montréal, Québec, H3N 1W3.

ISBN 978-2-8098-0145-3

À la mémoire de ma mère, Ann,
et de ma fille, Annie.

Et aussi à tous les hommes et femmes qui,
enfants, ont souffert dans les orphelinats,
les écoles religieuses, les institutions
psychiatriques et les couvents des sœurs
de Marie-Madeleine d'Irlande,
et à toutes les victimes d'abus en général.

Avant-propos

Au début de mon enquête pour le *Irish Crime Magazine* sur les sévices perpétrés contre les jeunes filles dans les couvents des sœurs de Marie-Madeleine, je n'avais aucune idée des atrocités que j'allais découvrir. Comment est-il possible que des pratiques aussi répandues aient pu rester ignorées si longtemps ? Est-ce dû à cette attitude typiquement irlandaise qui consiste à ne rien dire, ne rien voir et ne rien entendre, et qui a permis à l'innommable de nous côtoyer au quotidien, en toute impunité ? Toutes les villes d'Irlande ont eu leur couvent des sœurs de Marie-Madeleine ; ces endroits sinistres étaient implantés partout, au cœur même de nos vies, mais nous avons préféré fermer les yeux.

Pendant la majeure partie du XXe siècle, l'Irlande est demeurée un pays où l'Église catholique et la crainte régnaient en maîtres, et où ceux qui avaient le malheur de transgresser les codes bien définis de la morale se voyaient sévèrement punis – une sorte de théocratie intégriste. Les jeunes filles ayant subi des abus sexuels étaient internées dans des hôpitaux psychiatriques sordides ou, comme je l'ai découvert, dans les couvents des sœurs de Marie-Madeleine : on enfermait les victimes pour protéger les coupables. Des milliers d'entre elles vécurent dans ces lieux une existence misérable, jusqu'à leur mort où leurs corps étaient jetés dans des fosses communes.

Les laveries des sœurs de Marie-Madeleine, comme on appelle désormais ces couvents qui n'étaient autres que de gigantesques blanchisseries où les pensionnaires étaient forcées de travailler, ainsi que les « écoles industrielles » (autres institutions religieuses qui n'étaient que des manufactures exploitant les enfants) n'existent plus aujourd'hui, mais les relents de ce passé honteux perdurent. Aujourd'hui encore, des dizaines de « Madeleines », ces tristement célèbres pensionnaires, mènent une existence funeste et crépusculaire dans bon nombre d'hôpitaux psychiatriques du pays : elles sont les laissées-pour-compte de notre nation, autrefois bafouées par l'Église et l'État, aujourd'hui condamnées à l'oubli.

L'auteur de cet ouvrage, Kathy O'Beirne, est une femme exceptionnelle. En dépit de tout ce que lui ont fait endurer les foyers religieux, elle consacre sa vie au bien-être d'autres survivantes, se donnant pour mission d'attirer l'attention du public sur les sévices atroces commis à leur encontre. Depuis qu'elle a porté son histoire au grand jour, Kathy a fait l'objet de nombreuses menaces et tentatives d'intimidation. Sa détermination demeure pourtant inébranlable, et son combat n'aura de cesse que ces victimes oubliées ne soient toutes reconnues, et que justice ne soit rendue.

Kathy n'avait que sept ans lorsqu'elle s'est fait violer pour la première fois, la veille de sa première communion. À la suite de cela, une équipe de médecins chapeautée par un psychiatre « diagnostiquèrent » chez elle un « caractère difficile » et l'envoyèrent dans un foyer de redressement de Dublin dirigé par des religieuses.

Durant les deux années qu'elle y passa, Kathy ne reçut qu'une éducation sommaire, limitée aux seuls rudiments de l'écriture et de la lecture. Elle était régulièrement battue, et même abusée sexuellement par le prêtre qui venait lui rendre visite. Le jour où elle dénonça ces viols répétés à la mère supérieure, elle fut immédiatement transférée dans un hôpital psychiatrique. Une enfant capable de proférer de telles accusations à l'encontre d'un prêtre ne pouvait être que folle : voilà le genre de raisonnement pervers que tenaient les religieuses. L'asile n'était qu'un moyen de couvrir les abus ; qui croirait la parole d'une enfant internée ?

Durant cette période d'internement, Kathy servit, selon ses propres mots, de « cobaye ». Des médicaments inconnus furent testés sur elle et on lui fit subir des thérapies électroconvulsives ou TEC (anciennement « traitements par électrochocs »), avec et sans anesthésie, afin d'en étudier les effets. On lui administra également des doses massives de Largactil, un puissant neuroleptique, et d'autres drogues expérimentales. Comment imaginer la terreur de cette enfant livrée à la merci d'adultes déséquilibrés et prisonnière d'un système amoral et cruel ?

Au bout de deux ans passés dans cet enfer, Kathy fut transférée dans un couvent des sœurs de Marie-Madeleine de Dublin. À son arrivée, elle fut frappée par le vitrail de la porte d'entrée, figurant sainte Marie-Madeleine accompagnée de l'inscription « pénitente ».

Elle était désormais prise au piège d'un système

impitoyable : son père avait signé son ordre d'internement, il n'y avait plus d'issue. C'était au début des années 1970, une époque où la société irlandaise connaissait une importante mutation. Malgré cela, les autorités continuaient de tolérer cette pratique commune qui consistait à enfermer des adolescentes et des jeunes femmes dans des institutions religieuses où elles menaient des vies d'esclaves.

Chaque dimanche, des membres de la Légion de Marie ou d'autres ecclésiastiques, dont certains s'adonnaient au viol, venaient adresser à ces filles bafouées des sermons sur le péché. Bien évidemment, les filles étaient terrifiées à l'idée de les dénoncer car elles savaient que personne ne les croirait : prises pour folles, elles seraient envoyées en hôpital psychiatrique. D'ailleurs, lorsqu'une Madeleine manquait à l'appel le matin, ses camarades devinaient sans peine qu'elle était allée se plaindre.

Un grand nombre de filles violées tombaient enceintes ; les bébés étaient vendus à des couples d'Américains aisés. En 2004, un chauffeur de taxi se souvint avoir transporté certains de ces bébés vers le Nord (d'où les bateaux partaient à destination des États-Unis) et contacta la chaîne de télévision RTE pour faire part de son témoignage.

D'après Kathy, l'Église entretenait ce trafic de bébés à des fins lucratives et ignorait purement et simplement la détresse des mères dépossédées. Il faut néanmoins savoir que la plupart des bébés mouraient avant de pouvoir être « exportés », et que leurs corps étaient jetés à la fosse commune. Une partie du cimetière de Glasnevin, aujourd'hui laissée à l'abandon, leur était réservée.

L'histoire de Kathy n'en est qu'une parmi les

centaines sur lesquelles ont enquêté les autorités irlandaises. C'est une histoire abominable qui fait honte à notre pays. Bien que ces crimes aient été commis par des prêtres et des religieuses (et par certains civils aussi), nous sommes tous coupables. Nous, la majorité silencieuse qui fut le lâche témoin de ces agissements indignes et qui a préféré détourner le regard.

Aodhan Madden
Journaliste d'investigation, Irish Crime Magazine
Dublin, février 2005

Avertissement de l'auteur

Il ne m'a pas été permis, pour des raisons d'ordre légal, de nommer les différentes institutions où j'ai été enfermée ni les personnes qui ont abusé de moi, mais je garde l'espoir qu'un jour cette situation sera résolue pour pouvoir enfin livrer mon histoire dans son intégralité.

Je tiens également à ajouter que la publication de mon récit est un choix personnel. De nombreuses personnes que j'évoque dans cet ouvrage n'ont pas pris ce parti et préfèrent éviter la lumière des projecteurs. C'est pourquoi, par respect envers elles, j'ai changé le nom des filles avec qui j'ai pu me retrouver incarcérée. La seule dont je donne le véritable nom est mon amie Elizabeth, disparue il y a peu. Liz avait toujours désiré que son histoire soit connue, et je suis fière de pouvoir écrire aujourd'hui qu'elle était mon amie.

Prologue

Je suis en train de courir dans un grand couloir. Devant moi, la lumière du soleil filtre à travers le carreau d'une porte. On dirait la lumière du paradis. Derrière se cache un ciel bleu azur sous lequel une plage dorée s'étire à l'infini le long des vagues chargées d'écume. C'est là que je voudrais être : sentir la chaleur du soleil sur ma peau, construire des châteaux de sable, nager dans l'eau. Mon enfance idéale. Mon paradis.

En atteignant la porte, je suis presque éblouie par cette lumière. Je tente de l'ouvrir, mais il n'y a pas de poignée et des barreaux protègent la vitre. Je frappe contre eux en hurlant mais personne de l'autre côté ne peut m'entendre. Dans mon dos, des bruits de pas résonnent et se rapprochent lentement. Je ferme les yeux et tombe à genoux, les mains jointes.

Les larmes ruissellent sur mes joues tandis que les pas s'immobilisent derrière moi. La lumière au-dessus de ma tête s'évanouit en même temps que le soleil, la mer et le sable sont absorbés par une nuit obscure, sans lune. Me voici plongée dans les ténèbres de ma sinistre enfance. Je m'agrippe aux barreaux et laisse échapper un hurlement de douleur, de honte, de rage et de haine mêlées. Je suis une fillette prise sous le joug cruel d'un cauchemar sans fin.

Chaque enfant devrait avoir en mémoire des souvenirs agréables, afin de compenser les difficultés inévitables qu'implique le fait de grandir. Moi, je n'en ai pratiquement aucun. Je n'ai jamais pu atteindre la plage dorée, mon paradis. Je suis restée bloquée de l'autre côté de la porte, dans un enfer de violences et de sévices.

Les larmes ont pris la place des rires, les ténèbres celle de la lumière, la douleur s'est substituée au plaisir. La haine est venue à bout de l'amour. Mon enfance n'a été qu'un long cri d'agonie qui a hanté ma vie d'adulte, et bien que je sois aujourd'hui capable d'exprimer plus clairement mes sentiments, c'est encore la voix de l'enfant torturée qui relate ici les événements du passé. Après avoir passé une grande partie de ma vie à refouler les souvenirs – un mécanisme d'autoprotection très courant chez les victimes d'abus –, faire remonter les expériences traumatisantes ne fut pas sans douleur. Aujourd'hui encore, il m'est difficile d'évoquer certains événements.

Une enfant qui vit dans un environnement de terreur constante, où la menace de violences ou d'assauts sexuels plane à chaque instant, n'a qu'une perspective : éviter tout contact avec ses tortionnaires – dans mon cas, ces prêtres, nonnes et civils pervers qui constituaient une menace pour mon corps et tout mon être. Vous passez votre temps les paupières serrées, les entrailles nouées : quel enfant aurait envie de poser les yeux sur l'instrument qui le torture, qu'il s'agisse d'une sangle de cuir, d'une canne, d'un tuyau en plastique, d'un poing ou d'une paire de bottes ? Dans ces moments-là, vous n'espérez qu'une chose : rester aveugle et disparaître. Enfant, je percevais toujours très clairement les sons des violences qui m'étaient infligées, sans pour autant oser me couvrir les oreilles – mes bourreaux ne l'auraient du reste pas permis : ils voulaient que nous les entendions, même si eux ne voulaient pas nous entendre, seulement nous voir.

Mes souvenirs d'enfance se réduisent à des flashes et à des images sans cohérence qui, lorsque je tente de les traduire en mots, me laissent tremblante et submergée par les émotions. La voix de l'enfant traumatisée résonne de façon insupportable dans l'esprit de l'adulte et demeure intolérable – comme si une mère impuissante entendait gémir son enfant malade.

Lors de mes premières consultations chez un thérapeute, on me demanda ce que j'avais appris de la vie : je répondis que j'avais appris la haine, la rancœur, et bien d'autres choses encore. Je me souviens m'être dit un jour que ressentir toutes ces émotions négatives n'était pas normal, que je n'étais pas normale. Mais je sais que je le suis, même si certains jours la souffrance est telle que je crois effectivement devenir folle.

Qui donc aurait pu réparer ce qui m'était arrivé, ce qui avait été brisé en moi ? Je pensais que personne ne le pouvait, c'est pourquoi je me suis longtemps montrée très sceptique quant à la capacité des spécialistes à pouvoir m'aider. Aujourd'hui, après plusieurs années de thérapie, je dois avouer que mon état s'est amélioré, et j'espère que le jour viendra où je pourrai enfin m'affranchir de toute la souffrance, la colère et le chagrin que m'inspire le passé. Peut-être alors serai-je capable de regarder en arrière sans plus éprouver ce sentiment aigu de vide que je ressens encore aujourd'hui. Peut-être alors pourrai-je libérer la petite fille en moi pour qu'elle connaisse enfin la liberté qui aurait dû être la sienne dès le départ. La liberté d'ouvrir la porte au fond du couloir et de sentir sur elle la chaleur du soleil. La liberté de contempler le monde autour d'elle, de lever les yeux vers le ciel bleu et de sentir le parfum iodé de la brise marine. La liberté de courir sur le sable doré en laissant éclater sa joie.

Ce livre est l'histoire de cette petite fille.

1

Père et fille

J'entends
J'entends en moi une petite fille qui pleure
Il faut que je l'aide
Je suis hantée par sa douleur
J'ai contemplé le passé pour comprendre ce mystère
Et je sais à présent qu'elle n'a que trop souffert
Je ne l'avais encore jamais écoutée
Trop occupée à la museler et à l'ignorer
Je suis même allée jusqu'à tenter de la blesser
Et de m'en débarrasser
Tant cette enfant terrorisée m'effrayait
Désormais je prends le temps de chercher
Comment la délivrer
Pour qu'elle puisse enfin recouvrer
La liberté.

J'ai aujourd'hui une quarantaine d'années. J'étais le cinquième enfant, et la première fille, de ce qui fut au final une fratrie de neuf : six garçons et trois filles.

J'habitais avec ma famille à Clondalkin, une vaste cité ouvrière de la banlieue de Dublin. Notre maison faisait partie d'un grand lotissement où vivaient en majorité des familles nombreuses – l'une d'entre elles comptait même vingt et un enfants. Au centre du lotissement se trouvaient un grand parc où les enfants aimaient se retrouver pour jouer et, derrière le parc, une belle maison entourée d'un jardin privé, occupée par le médecin du quartier, le Dr Keane. C'était un homme doux et gentil qui laissait les gamins du coin voler les pommes de son verger sans rien dire. En été, les mères de famille passaient leur après-midi sur les perrons à échanger les derniers ragots. Ces femmes donnaient l'impression d'être enceintes douze mois sur douze, aussi les enfants avaient-ils pris l'habitude de les imiter en gonflant leurs pulls de pommes volées et en singeant leur démarche chaloupée.

Ma mère, Ann O'Beirne, était une petite femme délicate et réservée, mais gracieuse et d'une grande beauté. Je trouvais qu'elle ressemblait à une star de cinéma. Très pieuse – sans être austère pour autant –, elle s'employait jour et nuit à maintenir son foyer en ordre. Elle était adorable, dans tous les sens du terme. Le bien-être de ses enfants était son unique préoccupation, et Dieu sait si elle avait du souci à se faire.

Mon père, Oliver, offrait aux yeux du monde l'image d'un homme respectable. Cet ouvrier de chantier de quatre-vingt-quinze kilos, bien bâti, était un homme séduisant qui, en dehors du travail, s'habillait toujours impeccablement : costume, chemise blanche immaculée et chaussures noires si bien cirées que l'on pouvait se voir dedans. Il allait tous les jours à la messe et communiait à chaque fois. Si, pour les gens du quartier, mon père était un des piliers de la paroisse, entre les murs de notre petit trois-pièces, c'était un homme violent et cruel qui infligeait à sa famille une vie épouvantable, faite de violences physiques et psychologiques.

Mon père travaillait de 7 heures du matin à 6 heures du soir. Il était toujours debout à l'aube, et je ne me rappelle pas l'avoir vu manquer un seul jour de travail. Une fois la journée terminée, il rentrait dîner à la maison, puis ressortait pour se rendre au pub.

Chaque fois que la porte se refermait derrière lui, nous ressentions un soulagement, presque immédiatement remplacé par la peur de ce qu'il nous ferait à son retour. Car le comportement de mon père ne suivait aucune règle, il était impossible de prévoir ce qui nous attendait : il pouvait fort bien se comporter normalement pendant quelque temps, puis soudain sa colère se déclenchait et il nous fallait alors endurer des jours voire des semaines entières de cruauté.

Mon père nous battait régulièrement avec sa ceinture – la boucle qui me tailladait les jambes occasionnait souvent des plaies qui s'infectaient – et nous coinçait les doigts dans la porte de la cuisine sur laquelle il faisait pression avec le pied jusqu'à ce que la douleur nous fasse perdre connaissance.

Un soir où il était particulièrement enragé, mon père me plongea la main dans une casserole d'huile bouillante. Alors que je hurlais de douleur, il me jeta dehors par la porte de derrière et me força à m'asseoir sur une caisse en bois dans la cour, puis il rentra dans la cuisine et termina son dîner. La sensation de brûlure, aggravée par le froid, me faisait trembler de tous mes membres tandis que la peau de ma main partait en lambeaux.

Mon père me fit attendre là pendant des heures,

interdisant à ma mère de me laisser entrer. J'entendais celle-ci l'implorer d'avoir pitié de moi, mais il restait de marbre. À force de pleurer, mes larmes finirent par se tarir, mais je n'en avais pas moins le corps tout endolori. Je me sentais si seule et désespérée que je voulais mourir, pour que mon père ne puisse plus jamais me faire souffrir.

Un jour – je devais avoir quatre ou cinq ans –, une de nos voisines offrit à maman une malle en osier pour y ranger mes vêtements. J'étais assise dans la cuisine lorsque mon père, de retour du travail, se mit en tête de me flanquer une raclée. Pour quel motif ? Je ne m'en souviens plus. Il s'apprêtait à me donner un coup de poing lorsque je trébuchai par-dessus la malle et sentis une douleur fulgurante au niveau de la hanche. Bien évidemment, mon père ne fit aucun cas de mes pleurs et continua de me rouer de coups, si bien que, lorsqu'il en eut terminé avec moi, j'étais à l'agonie et à peine capable de marcher. Ce n'est qu'au bout de quelques jours, en voyant que je n'arrivais même plus à me lever le matin, qu'il autorisa enfin maman à appeler le médecin. À peine le Dr Keane me vit-il qu'il ordonna que l'on m'amène sur-le-champ à l'hôpital. Les radios révélèrent une fêlure de la hanche et je dus rester hospitalisée une bonne semaine, durant laquelle je me déplaçai à l'aide de béquilles. Maman me rendait visite aussi souvent qu'elle le pouvait et mon père vint même me voir une fois. Loin de s'excuser pour ce qu'il avait fait, il fit en sorte que toutes les infirmières sachent combien j'étais distraite et ne regardais jamais où je mettais les pieds. À mon retour à la maison, rien n'avait changé.

Parfois, lorsqu'il rentrait tard du pub, il nous traînait hors de nos lits et nous forçait à rester toute la nuit dans l'entrée, alignés les uns à côté des autres dans l'air glacial de cette pièce. Je me souviens d'une fois en particulier où il avait passé la porte en hurlant que nous avions intérêt à nous lever et à descendre en quatrième vitesse si nous ne voulions pas d'ennuis. Nous avions si peur de lui que nous fûmes debout avant même d'être véritablement réveillés, dévalant l'escalier aussi vite que possible pour éviter d'aggraver sa fureur. Une fois dans l'entrée, mon père nous ordonna de nous agenouiller et de ne plus bouger jusqu'au matin, avant de gravir l'escalier d'un pas lourd pour gagner son lit douillet, nous abandonnant, tout grelottants dans nos fins habits de nuit.

Les entrées des logements sociaux n'avaient pas de moquette, seulement du carrelage. Mais bien que le contact du sol glacé sous nos genoux fût insoutenable, nous avions bien trop peur de la réaction de notre père pour oser le moindre mouvement. Au bout d'un moment, ses ronflements accompagnés de grognements ponctuels parvinrent à nos oreilles, et avec eux le grincement de la porte de la chambre : c'était ma mère qui descendait l'escalier sur la pointe des pieds. Elle nous chuchota que nous pouvions retourner nous coucher et nous fit remonter en nous intimant le silence. Lorsque nous fûmes recouchés, elle étendit nos manteaux par-dessus les couvertures pour tenter de réchauffer nos petits corps frigorifiés, et ce ne fut qu'une fois bien pelotonnés au chaud que nous pûmes enfin nous rendormir.

En se levant le lendemain matin, mon père ne put manquer de remarquer que nous n'étions plus dans l'entrée, mais il ne pipa mot. Convaincus qu'il avait oublié sa punition de la veille et que notre désobéissance était passée inaperçue, mes frères et sœurs et moi-même étions aux anges. Le soir, mon père rentra du travail et dîna comme à son habitude, si bien que lorsqu'il partit pour le pub, nous étions certains de nous en être bien sortis. Malheureusement, nous fûmes réveillés au beau milieu de la nuit par ses hurlements : il nous ordonnait de descendre pour nous apprendre ce qu'était l'obéissance.

— Vous pensez que vous êtes plus malins, mais c'est moi qui décide ! criait-il.

Comme la veille, il nous fit nous mettre en rang puis à genoux dans l'entrée glaciale, si ce n'est qu'au lieu de gagner sa chambre, il alla chercher une couverture et un oreiller et se coucha en haut de l'escalier pour être sûr que ma mère ne vienne pas à notre secours une seconde fois. Bien qu'il n'eût jamais levé la main sur elle, mon père lui inspirait une telle terreur qu'elle n'aurait en aucun cas osé le défier à nouveau, par peur du châtiment qu'il nous infligerait.

La cruauté de mon père était sans fondement. Nous ne différions en rien des autres enfants de notre âge : certes, nous étions bruyants et chamailleurs, mais nous n'étions pas de mauvais garnements. Si quelque chose devait nous rendre mauvais, c'était assurément les coups que lui-même nous donnait. Rien n'est plus terrible que de vivre dans une maison qui résonne constamment de pleurs et de hurlements de douleur, et de ne rien pouvoir faire pour consoler vos frères et sœurs – ou être consolé par eux.

Il est très difficile de faire comprendre ce que ressent un enfant qui vit dans la peur constante de son père, cet homme censé l'aimer et le protéger, non le battre et lui causer des bleus sur le corps. Je me suis mise très jeune à redouter et abominer sa présence : il me faisait penser à l'ogre de *Jack et le Haricot magique*. J'étais non seulement meurtrie physiquement, mais je me sentais aussi humiliée et rejetée, telle une étrangère dans ma propre maison. Ma détresse était d'autant plus grande que je ne comprenais pas ce que j'avais fait pour mériter un tel traitement.

Mon père ne disait jamais pardon ni ne montrait jamais la moindre marque d'amour ou d'affection. Malgré tout, je continuais d'espérer qu'un jour il changerait et qu'il me prendrait dans ses bras pour m'embrasser, comme le faisait ma mère. Ce jour ne vint jamais. Dans mon lit le soir, je priais pour trouver au matin un père devenu aimant et attentionné, mais c'était comme espérer se réveiller d'un cauchemar sans fin.

Très petite déjà, j'avais une conscience aiguë de la vie difficile et malheureuse que menait ma mère, cette femme si douce et affectueuse qui ne recevait que violences et chagrin de la part de son mari. Elle le craignait tant qu'elle commençait à trembler rien qu'en le sachant au coin de la rue. Terrorisée, elle passait même certaines nuits cachée dans sa vieille penderie. Ma mère essayait à tout prix de nous protéger de notre père, mais il n'y avait rien ou presque à faire face à ses emportements. Je sais combien nous voir souffrir l'anéantissait.

Le chagrin de ma mère augmentait ma tristesse et ma colère : elle était la personne que j'aimais le plus au monde, mais je ne pouvais rien faire pour la protéger. Maman essayait désespérément de me rendre cet amour, mais mon père nous empêchait par tous les moyens de nous rapprocher. Si je tombais malade et qu'il me fallait garder le lit, il interdisait à maman de s'occuper de moi dès qu'il rentrait du travail. Alors que tout ce que réclame une enfant malade ce sont les soins et l'attention de sa mère, mon père me refusait cette consolation. À peine était-il sorti qu'elle venait dans ma chambre me réconforter, mais je savais qu'elle n'oserait jamais lui tenir tête. Je n'étais qu'une petite fille, et durant ces longues heures où je restais seule couchée dans mon lit, je gardais les yeux fixés au plafond en me demandant ce que j'avais bien pu faire pour qu'il me haïsse à ce point.

Dans sa soif de contrôle absolu sur nos vies, une des tactiques de mon père était de nous priver de nourriture. Chaque matin, avant de partir au travail, il déposait sur la table deux tranches de pain, deux œufs et un sachet de thé : c'était notre ration pour la journée. Maman partageait le tout entre ses enfants et ne mangeait presque rien. Outre le fait qu'elle n'avait jamais été de constitution solide et que ses grossesses avaient fini par user ses forces, le stress ainsi que toutes ces privations expliquaient sans doute qu'elle fût constamment malade et fatiguée.

Lorsque j'eus cinq ans, deux garçons, dont l'un était bien plus âgé que moi, se mirent à soulever régulièrement ma robe et à me toucher. Ils disaient qu'ils jouaient aux docteurs, que ce n'était qu'un jeu. Je n'avais aucune idée de ce qu'ils me faisaient, mais leurs actes me mettaient extrêmement mal à l'aise. Ils m'avaient ordonné de n'en parler à personne. Ma peur et mon jeune âge firent que je gardai le secret.

Leurs jeux devinrent très rapidement plus brutaux, et je fus bientôt abusée presque quotidiennement. J'ignorais pourquoi, mais leurs attouchements me faisaient me sentir sale, et leurs mains intrusives me révulsaient. J'en vins à redouter de les croiser, mais il semblait impossible d'échapper à ces attouchements répugnants sur mon petit corps : si je parlais, menaçaient-ils, je serais séparée de ma maman et enfermée dans un foyer pour toujours.

Entre ces abus et les coups de mon père, je devins sans surprise une enfant craintive et anxieuse. J'étais angoissée à l'idée de sortir jouer, de marcher dans la rue, et je me mis même à détester l'école tant je me sentais différente de mes petites camarades. Mon désarroi était tel qu'il m'était impossible de me faire des amies et de me confier à elles. Tout ce que je désirais, c'était me rouler en boule sous ma couverture et ne jamais plus me réveiller. Pourtant, lorsque j'allais me coucher, il était rare que je trouve le sommeil.

Il n'y avait rien de beau ni d'agréable dans ma vie. Je ne comprenais pas pour quelle raison toutes ces choses m'arrivaient, mais je savais qu'elles constituaient une punition. Comme me le répétait continuellement mon père, j'avais le diable en moi et finirais en enfer. À l'école, les bonnes sœurs et les prêtres nous enseignaient que si nous étions gentils, les anges nous emporteraient au paradis à notre mort. Mais dans cette tradition bien catholique qui consiste à instiller la peur dans l'esprit des enfants, ils n'oubliaient jamais de nous assurer que, quelles que fussent les souffrances éprouvées ici-bas, elles ne représentaient qu'un grain de sable comparées aux souffrances et aux tourments éternels qui nous attendaient si nous ne nous repentions pas de nos péchés. L'idée de finir le corps brûlé dans les flammes de l'enfer me terrifiait, et je comprenais d'autant moins les châtiments que l'on m'infligeait que j'avais le sentiment d'être une gentille petite fille.

Ma vie devint un poids insupportable J'étais de

plus en plus sujette à des accès de larmes et de mauvaise humeur, si bien que lorsque je me mis à refuser d'aller à l'école, maman m'emmena consulter le Dr Keane. Celui-ci me questionna sur ma vie à la maison, mais je ne pus lui répondre, trop terrifiée à l'idée de lui parler de mon père ; j'étais convaincue que ce dernier l'apprendrait d'une manière ou d'une autre et qu'il me punirait en conséquence. Je ne pouvais rien dire non plus au sujet des deux garçons sous peine, croyais-je, d'être envoyée dans un foyer. Les choses avaient beau être ce qu'elles étaient, je refusais d'être séparée de maman et forcée d'habiter avec des étrangers. Aussi répondis-je au médecin d'arrêter de m'interroger.

Le Dr Keane me demanda ce qui me tourmentait et pourquoi j'étais autant sur la défensive, mais je gardai les yeux fixés au sol sans mot dire. Le praticien n'avait aucune idée de ce qui se tramait dans ma vie, et ma mère ignorait tout des sévices sexuels dont j'étais victime. Comment aurais-je pu lui en parler ? Et à quoi bon me plaindre de mon père auprès d'elle ? Elle était sa prisonnière autant que moi.

Le Dr Keane diagnostiqua chez moi une infection urinaire. Il fit remarquer à ma mère que j'étais trop frêle et qu'un régime nourrissant était nécessaire pour que je regagne des forces. Bien sûr, ma mère ne put lui répondre que j'avais peu de chances de suivre un tel régime dans la mesure où mon père nous rationnait.

À la suite de cette visite, mon comportement continua de se détériorer et je fus cataloguée comme « enfant difficile ». En réalité, je ne faisais que réagir aux atrocités que l'on m'infligeait. Je me sentais comme enchaînée par la terreur et la honte, mais comment l'expliquer aux médecins ? La fillette que j'étais n'avait pas les mots pour exprimer ce qu'elle ressentait, son seul recours était de laisser exploser sa colère et sa frustration.

De plus en plus désorientée, je me mis à briser volontairement des objets, à piquer des crises au cours desquelles je hurlais et perdais tout contrôle, à découper en morceaux mes poupées et leurs habits. Tout ce que j'aimais, j'avais envie de le détruire. Mon univers entier était chamboulé : au lieu d'être aimée, j'étais battue et frappée, et mon petit corps d'enfant était cruellement torturé.

En pleine confusion, je me sentais aussi terriblement seule. Mes frères ne faisaient preuve d'aucun soutien ni d'aucune compréhension à mon égard, à l'exception de Brian, mais je suppose que notre préoccupation première à tous était d'échapper à la fureur de notre père. À la maison, c'était la loi du plus fort : chaque fois que papa nous appelait, c'était à qui s'exécuterait le plus vite, car le dernier arrivé subissait ses foudres les plus terribles. Rien n'était plus facile pour mes frères que de me bousculer, si bien que je devins la cible régulière de la violence paternelle. Tout l'amour de ma mère ne suffisait pas à me protéger : tel un insecte dans une toile d'araignée, j'étais prise au piège d'une horreur sans fin, à la seule différence que je préférais mourir plutôt que de me débattre – car tant que je vivais, je ne pouvais échapper aux supplices qui m'attendaient à l'intérieur comme à l'extérieur de la maison. Alors que tout enfant devrait se réjouir chaque matin à la perspective d'une journée emplie d'expériences nouvelles et exaltantes, je redoutais pour ma part l'heure du réveil. Il n'y avait aucune fuite possible, aucune parade, aucun recours qui m'eût permis d'éviter l'inévitable : les coups et les outrages sexuels étaient devenus mon quotidien, je n'en connaissais pas d'autre.

Comme toutes les petites filles de mon âge à cette époque – et peut-être même plus, étant donné les circonstances –, j'attendais avec impatience le jour de ma première communion. Il représentait pour moi un rayon de soleil dans la noirceur de mon existence, l'occasion tant attendue de me purifier, même temporairement, de la souillure qui m'avait envahie. J'allais enfin pouvoir m'habiller comme toutes les autres grâce aux jolis habits pour lesquels maman avait péniblement économisé, et goûter au sang et au corps de Jésus pour la première fois. Je m'imaginais un grand jour de joie, où je serais pour une fois l'objet de toutes les admirations. Cependant, pas même ce petit sursis ne me fut accordé.

La veille de ma communion, un des deux garçons alla beaucoup plus loin que d'habitude : on eût dit qu'il voulait entrer en moi, et tandis qu'il me maintenait à terre, je crus qu'il allait m'étouffer tant son grand corps m'écrasait. Je sais aujourd'hui que cela n'était rien d'autre qu'un viol, mais la petite fille que j'étais alors n'avait aucun mot pour décrire ni comprendre ce qu'on venait de lui faire. Je savais simplement qu'il s'agissait de quelque chose de mal et que la douleur que j'avais ressentie était pire que tout ce que mon père avait pu me faire subir.

Je me souviens que le lendemain matin, tout le monde s'exclamait de me voir si mignonne et jolie dans ma belle robe blanche. Moi, je me sentais sale et dégoûtante. Ma robe était blanche mais à l'intérieur de mon corps, tout était noir. Je souffrais le martyre, à tel point que mettre un pied devant l'autre m'était insupportable. Je ne pouvais cependant rien avouer de ce qui me faisait traîner les pieds de la sorte. J'avais sept ans, c'était ma communion, et je n'avais qu'une seule envie : fondre en larmes.

J'étais censée vivre le plus beau jour de ma vie, mais j'étais tout sauf en état de grâce. Je me détestais et étais convaincue de ne pas mériter ces beaux habits blancs que je portais. Sans comprendre ce qui se passait, ma mère dut pratiquement me traîner jusqu'à l'église ; elle ne cessa de me questionner tout le long du chemin. Mais je répondis que tout allait bien.

Chaque fois que je levais les yeux vers elle, je voyais sur son visage combien elle était fière de sa petite fille si élégamment vêtue. Ma mère voulait tellement que je sois heureuse ce jour-là. Mon attitude la remplissait de frustration : elle aussi avait attendu cette journée comme un moment de joie dans la noirceur de sa vie. Mais c'était sans compter le mal qui nous entourait.

La cérémonie avait lieu dans le village, à l'église de l'Immaculée-Conception. Les quarante autres petites filles affichaient des visages radieux, tandis que je brûlais de honte. Au moment de recevoir l'hostie pour la première fois, j'aurais voulu prendre part à cet événement central dans la vie de tout enfant catholique l'esprit pur et innocent. Lorsque le prêtre déposa dans ma bouche la petite rondelle de pain, je la collai immédiatement à mon palais, terrifiée à l'idée de la détruire en l'avalant, même si une autre partie de moi-même espérait ardemment qu'elle me purifierait de l'intérieur. Je redescendis l'allée, les yeux rivés au sol : rien en moi ne semblait différent.

J'aurais voulu m'enfuir très loin, être n'importe où ailleurs que dans cette église : dans un champ, par exemple, en train de chasser un papillon aux ailes colorées, bercée par les chants des oiseaux. En ce jour que j'aurais dû vouloir garder en mémoire jusqu'à la fin de ma vie, je ne désirais qu'une chose : oublier qui j'étais et où j'étais. Cette robe blanche, qui procurait de la fierté aux autres fillettes, me faisait l'impression d'une guenille, et je m'en trouvais d'autant plus coupable et ingrate. Je me sentais à part, différente et impure.

À la fin de la cérémonie, conformément à l'usage, les communiantes reçurent de l'argent de leurs voisins. De retour à la maison, je cachai mes pièces au fond de mon lit, sous la couverture. Mon père les trouva et me les confisqua en arguant qu'il les mettrait de côté pour m'acheter des vêtements. Bien sûr, il garda l'argent pour lui. J'étais de toute façon trop triste pour m'en soucier : ce n'était qu'une humiliation de plus dans ma vie.

Quelques jours après l'événement, mon père commença à m'enfermer toutes les nuits dans la remise au fond du jardin, avec autorisation de ne rentrer dans la maison qu'après son départ pour le travail le matin. Le noir me terrorisait et je sursautais au moindre bruissement de feuilles dans les arbres ou au son du vent ; j'étais de plus frigorifiée, et passais mes nuits à sangloter en pensant aux couvertures bien chaudes de mon lit.

Je me blottissais généralement dans un coin, et notre chienne Teddy venait s'étendre à mes pieds pour me tenir chaud. Lorsque je me mettais à pleurer, à cause du froid ou de la solitude, elle venait s'étendre contre moi ; je passais alors mon bras autour d'elle et m'endormais dans cette position. Je me souviens d'une nuit où j'avais si froid que je dormis avec elle dans sa niche, toutes deux serrées l'une contre l'autre. J'avais l'impression que Teddy comprenait la situation et qu'elle voulait prendre soin de moi. Durant ces séjours forcés, ma seule nourriture était celle que mon frère aîné Brian me glissait par la fenêtre le matin avant de partir travailler : quelques quignons de pain et une tasse de thé.

Lorsque fatalement je finis par tomber malade, mon père n'eut pas d'autre choix que de me laisser réintégrer la maison. Ce fut pour moi comme rentrer au paradis. Je ne savais pas encore à ce moment-là que l'année qui s'annonçait me verrait davantage dans la remise au fond du jardin que dans ma propre maison. Je n'avais absolument rien fait qui pût justifier de telles punitions : ce n'était qu'un moyen supplémentaire pour mon père de nous faire la démonstration de son implacable cruauté et de son pouvoir absolu sur nous.

Un matin de ce même hiver, je descendis sans bruit dans la cuisine, dans l'intention de faire rentrer Teddy par la porte de derrière. Contrairement à son habitude, ma chienne n'accourut pas à mon appel et j'entendis à la place un long gémissement étouffé. Je me mis aussitôt à creuser l'épaisse couche de neige qui avait recouvert le sol dans la nuit et trouvai Teddy dans un état pitoyable, tremblant de tous ses membres. Quand je parvins enfin à la dégager, je débarrassai la neige qui restait sur ses poils et la ramenai à l'intérieur. Maman arriva dans la cuisine et son visage se décomposa : ma chienne était en train de mourir. Lorsque mon père pénétra dans la pièce, il lança d'un ton bourru que ce n'était qu'un animal et qu'il était hors de question que l'on allume le poêle pour un chien. Mon cœur se serra, mais je savais que je recevrais une correction si j'ouvrais la bouche.

Si cela n'avait tenu qu'à lui, la maison n'aurait été

chauffée pour personne ; la seule raison pour laquelle nous avions un poêle, c'était parce que mon père voulait être à l'aise chez lui. Personne d'autre ne comptait, et si sa femme ou l'un de ses enfants avait été mourant, je suis sûre qu'il n'aurait pas réagi autrement. C'était un homme mauvais et cruel, qui n'avait pas une once de pitié en lui. J'ai souvent cherché à en comprendre la raison, en vain.

À peine mon père fut-il parti au travail que ma mère ignora ses ordres et alluma le poêle. Quand Teddy fut complètement séchée, nous l'enveloppâmes dans un vieux duffel-coat et ma mère réchauffa du lait pendant que je courais chercher dans la remise une des bouteilles de bière vides de mon père. Maman vissa une tétine sur le goulot et je fis téter le lait chaud à Teddy, le cœur brisé de voir cette petite chienne qui s'était occupée de moi aussi malade et fatiguée. Teddy mourut quelques heures plus tard, enveloppée dans son manteau devant une belle flambée rougeoyante, entourée de soins et d'affection.

Il me fallut des semaines pour m'en remettre. Je n'avais aucune idée de ce que la mort signifiait, si ce n'était que Teddy, cette chienne affectueuse que j'aimais tant, ne reviendrait jamais et qu'elle ne serait plus là pour veiller sur moi si je devais me retrouver dans la remise. Je me mis à pleurer, pour Teddy mais aussi pour moi-même, haïssant mon père pour ce qu'il avait dit et fait. Jamais je n'avais connu une telle perte, je sentais la colère gronder en moi.

Je me souvins alors de ce que mes professeurs avaient l'habitude de nous dire sur les gentils qui seuls allaient au paradis, et pensai que c'était là que Teddy devait s'en être allée. Comme on nous apprenait à prier pour ceux qui étaient partis et pour ceux qui nous avaient offensés, je décidai une nuit de réciter une prière que j'avais apprise par cœur : pour Teddy et moi, mais aussi pour mon père – bien que je n'en eusse pas complètement conscience à l'époque.

Couchée dans mon lit ce soir-là, sans savoir quand tomberait mon prochain séjour dans la remise ou mon prochain tourment, je joignis les mains comme à ma communion et priai :

Notre Père qui es aux cieux,
que Ton nom soit sanctifié,
que Ton règne vienne,
que Ta volonté soit faite sur la terre comme au ciel.
Donne-nous aujourd'hui notre pain de ce jour.
Pardonne-nous nos offenses,
comme nous pardonnons aussi à ceux qui nous ont offensés
Et ne nous soumets pas à la tentation,
Mais délivre-nous du Mal.
Amen

Je m'endormis rassurée à l'idée de savoir Teddy au paradis où, contrairement à ce que me rabâchait mon père à longueur de temps, j'espérais un jour la retrouver. Cette nuit-là, je rêvai que mon lit était entouré d'anges qui me portaient au ciel vers un grand nuage blanc où m'attendait un bonheur insoupçonné. En ouvrant les yeux au réveil, je sus que rien n'avait changé, et un frisson me parcourut en entendant les pas de mon père dans l'escalier. Je n'avais pas envie d'aller à l'école ni nulle part ailleurs, je voulais simplement repartir sur le grand nuage, mais il s'était évaporé. Je ne dormis pas durant plusieurs nuits, priant constamment les anges de revenir et de m'emmener avec eux. Mais les anges n'entendirent pas mes prières. Ni eux ni personne.

Mon père devait consacrer beaucoup de temps et de réflexion aux moyens de me torturer, car il n'était jamais à court d'idées. En hiver, quand l'envie le prenait, au lieu de m'enfermer dans la remise, il me faisait passer toute la nuit assise dans le jardin de derrière sur un grand bidon de lait. Je restais là, glacée jusqu'aux os, seule et terrifiée. Quand la maison s'éteignait, le chagrin et le désarroi s'emparaient de moi, amplifiés par l'absence de Teddy à mes côtés pour me réconforter.

Une fois, mon père me battit tellement que je crus que mon heure avait sonné. De toutes les rossées qu'il me donna, celle-ci se détache très clairement dans mes souvenirs : nous étions dans le jardin et papa me rouait de coups de poing comme si j'avais été un punching-ball. Mon corps tout entier était perclus de douleur et j'avais l'impression que les coups ne s'arrêteraient jamais. J'essayais d'esquiver et me recroquevillais pour me protéger, mais mon père était trop fort.

L'expérience m'avait appris qu'en restant sans bouger les coups cessaient plus vite ; mais cette fois-là, mon père était comme possédé. Lorsque j'eus le courage de jeter un œil vers lui, je vis la fureur qui luisait dans ses yeux révulsés ; des gouttes de sueur coulaient sur son front et il avait de l'écume aux coins de la bouche. Pourtant il continuait de frapper.

Incapable de me retenir plus longtemps, je me mis à hurler pour implorer sa pitié, mais cela ne servit à rien car il n'entendait pas. Les coups de poing et de pied s'abattirent encore et encore, la douleur déchirant chaque partie de mon corps. C'est alors qu'il me souleva du sol par les cheveux : je sentis mon cuir chevelu se décoller.

Un de nos voisins, qui avait dû m'entendre crier, sortit de chez lui et demanda à mon père ce qui se passait. Celui-ci lui rétorqua dans un grognement de rentrer chez lui et de s'occuper de ses oignons. L'intervention eut le mérite de le faire me lâcher et regagner la maison. Je restai roulée en boule sur le sol le temps que le son de ses bottes à pointe ferrée se fût éloigné. Je fis alors une tentative pour me relever, mais le moindre mouvement me faisait hurler de douleur, si bien que je dus rester à terre sans bouger, paralysée, durant plusieurs heures.

La nuit arriva et les lumières s'allumèrent dans la maison. Le sang avait séché sur mon visage, et mes jambes et mes bras écorchés étaient traversés de douleurs lancinantes ; je me mis alors en chien de fusil, les genoux ramenés le plus près possible de mon menton. Il me fallut cesser de pleurer car le sel de mes larmes brûlait mes écorchures de façon insupportable. La panique s'empara de moi quand je m'aperçus que je n'arrivais plus à respirer ; mes convulsions amplifièrent la douleur dans mon dos et mes côtes, ponctuant ma respiration de râles laborieux. À l'intérieur de la maison, j'entendais les pleurs de maman qui suppliait mon père de m'autoriser à rentrer, ce à quoi il répondait que je pouvais bien brûler en enfer si cela me chantait. D'après lui, je méritais ce qu'il m'infligeait : j'avais le diable en moi et il allait me donner une leçon pour que j'apprenne enfin.

Plus tard dans la soirée, j'entendis le cliquetis des assiettes dans la cuisine. Le dîner était terminé, mon père n'allait pas tarder à partir pour le pub, là où il serait le respectable et vaillant Oliver O'Beirne, à la foi et à la mise irréprochables : un homme qui faisait honneur à sa famille.

J'avais le corps engourdi par le froid, mais à l'intérieur, le feu de la douleur me brûlait. Ma respiration était de plus en plus faible, et chaque inspiration réveillait deux points lancinants dans mon dos. Une sorte de torpeur s'empara de moi et je crus que c'en était fait : j'allais mourir. J'étais de toute façon trop meurtrie, physiquement et mentalement, pour m'en soucier.

Je savais mon petit rosaire dans ma poche, mais mes doigts, que mon père avait écrasés sous ses bottes, étaient paralysés et je n'arrivais pas à le saisir. Je parvins néanmoins à joindre mes mains tailladées et priai Dieu de me pardonner mes péchés. Je Lui demandai même de pardonner à mon père pour ce qu'il venait de me faire, car je savais que si je venais à mourir, la prison l'attendrait et ce serait une punition déjà bien suffisante – une punition pour lui, car ma mère serait enfin libérée de son emprise et vivrait une vie normale avec ses enfants.

J'étais en train de prier Dieu de me ramener à Lui aussi vite que possible et sans douleur, lorsqu'une pensée terrifiante me vint à l'esprit : et si je n'avais pas assez fait pénitence ? Je finirais exactement où mon père l'avait prédit ! Je fus prise de tremblements et commençai à marmonner de plus en plus fort que je ne voulais pas mourir. La panique me submergea au point que je ne sentais même plus mes blessures et quittai mon état de torpeur. Néanmoins, malgré tous mes efforts, je ne parvenais toujours pas à attraper ce rosaire dans ma poche dont je savais qu'il me protégerait et me sauverait.

C'est alors que j'entendis la porte d'entrée claquer.

Je savais maintenant que mon père était parti et qu'il ne faudrait à maman que quelques minutes pour me rejoindre. En me voyant dans cet état, ma mère fut si bouleversée qu'elle ne s'arrêta plus de pleurer, à tel point que, me sentant responsable de sa détresse, je finis par lui dire de rentrer en l'assurant que tout irait bien. Ma mère m'aida malgré tout à me relever et à regagner la cuisine, puis elle nettoya et banda mes plaies, sous mes hurlements de douleur.

Un peu plus tard, elle monta me border dans mon lit, mais ses sanglots et son air misérable m'accablaient au plus haut point. Pour mon père, nous étions tous des moins-que-rien. Ce qu'il faisait subir à sa famille ne semblait guère le perturber lorsqu'il priait Jésus d'avoir pitié de son âme ou qu'il baissait la tête pour recevoir l'hostie à la messe.

Ce soir-là, je pris mon rosaire avec moi dans mon lit et, serrant les petits grains entre mes doigts, répétai en boucle : « Je T'en prie, Seigneur, ne me laisse pas mourir, je T'en prie, Seigneur, ne me laisse pas mourir... » Si j'avais su alors ce qui m'attendait, je crois que je Lui aurais au contraire demandé de me rappeler à Lui.

La torture mentale était l'autre moyen qu'avait trouvé mon père pour me malmener. Il me répétait que j'étais un cas désespéré, que je n'arriverais jamais à rien dans la vie et que je ne savais rien faire d'autre qu'agacer les gens autour de moi. Il m'abreuvait d'insultes en affirmant que le démon était en moi et qu'il aurait mieux fait de me noyer dès la naissance, car personne ici ne voulait de moi ; il m'aurait mise dans un sac et jetée à la rivière tel un chaton encombrant, et j'aurais sombré dans les profondeurs.

La nuit, j'étais hantée par des cauchemars résonnant

de ses paroles, et à mesure que ses abus et ceux des deux garçons se poursuivaient, je me refermai de plus en plus sur moi-même. Bien que j'eusse conscience de l'inquiétude grandissante de ma mère à mon égard, il n'y avait rien que je pusse faire : je n'avais plus le goût à rien, et même l'école n'était plus une source de répit. Souvent absente en raison de mes ecchymoses, et incapable de me concentrer à cause des pensées qui me tourmentaient, je pris du retard sur mes camarades. Plutôt que de chercher à comprendre ce qui n'allait pas, mon institutrice me catalogua dans la catégorie des fauteurs de troubles, et c'est régulièrement qu'elle m'enfermait dans l'armoire de la classe pendant que les autres élèves continuaient leur travail. Une fois, elle m'oublia même complètement, jusqu'à ce qu'une camarade lui demande au moment de la sortie : « Et Kathy, mademoiselle ? » Lorsqu'elle ouvrit l'armoire, j'étais enfermée depuis tellement longtemps que je m'étais assoupie, et tombai par terre.

Lorsque j'atteignis l'âge de huit ans, devant l'incapacité du Dr Keane à trouver une explication à mon comportement malgré des visites répétées, ma mère m'emmena dans un centre médico-social de Ballyfermot. On me fit entrer dans une pièce où se trouvaient deux médecins, un psychiatre et une assistante sociale, et on colla des fils sur ma tête après l'avoir tartinée de gel. L'un des médecins alluma une machine qui délivra une page couverte d'un drôle de gribouillis, et je l'entendis expliquer à ma mère que le tracé, qui représentait mon activité cérébrale, leur indiquerait la moindre anomalie. Je me mis à pleurer, et je me souviens que l'assistante sociale plaisanta sur le bon goût salé que devaient avoir mes lèvres avec toutes ces larmes.

Une fois que l'on m'eut débarrassée de cet attirail, le psychiatre me posa toute une série de questions à propos de la maison et de l'école, me demandant s'il y avait quoi que ce soit d'anormal dans ma vie qui me rendît malheureuse. Bien sûr je mentis, terrifiée à l'idée que les prédictions des deux garçons – la séparation d'avec ma famille – pussent se réaliser. En l'absence d'anomalie révélée par les examens et sans informations complémentaires de ma part, le psychiatre mit fin à la consultation en nous informant qu'il tiendrait notre médecin de famille au courant de ses conclusions.

J'appris plus tard que cet homme m'avait classée comme « enfant difficile », scellant ainsi mon destin en offrant à mon père l'excuse qu'il avait toujours cherchée. Si quelqu'un s'était donné la peine de me parler dans un environnement plus rassurant, il aurait sûrement découvert que j'avais toutes les raisons du monde d'être une enfant « difficile ». Mon père, aussi ignorant était-il, devina certainement la raison de ce diagnostic, et ma pauvre mère aussi, bien que rien de tout ce qui m'est arrivé ne puisse lui être imputé : elle a subi la même terreur, les mêmes humiliations et les mêmes abus que moi.

Ce diagnostic était une formule toute faite pour décrire mon état sans qu'aucune recherche ne soit entreprise sur les raisons pour lesquelles j'en étais arrivée là. Personne, donc, n'allait s'embêter à essayer de comprendre ma situation.

Deux semaines plus tard, je jouais dans le jardin avec mes frères et sœurs quand mon père arriva, accompagné d'une nonne du couvent dans lequel il travaillait à l'époque. Je me souviens que j'étais assise sur un tas de bûches et que le soleil brillait. Je relevai la tête en entendant mon père crier mon nom et regardai autour de moi, mais les rayons du soleil m'aveuglaient, si bien que je n'entendis que sa voix :

— Allez, viens, tu pars au bord de la mer ! Cette gentille dame va t'y emmener avec sa voiture.

Un de mes frères demanda s'il pouvait venir aussi, mais mon père lui ordonna de la boucler.

Je le regardai, incrédule. L'espace d'un instant, rien de ce qui m'était arrivé ne sembla avoir d'importance. Cet homme si cruel allait m'emmener à la mer, un endroit dont je m'étais contentée de rêver jusque-là ! Je descendis de ma pile de bûches et courus à la maison me préparer. Le souffle coupé par l'excitation, j'allai trouver ma mère et la suppliai de me laisser porter ma robe de communion pour le trajet, ce à quoi elle consentit, visiblement ravie pour moi. Ce ne fut que bien des années plus tard que j'appris que mon père lui avait fait croire que je ne serais absente que pour la journée et qu'il me ramènerait le soir.

Avec beaucoup de précautions, j'enfilai donc ma jolie robe blanche et mon manteau, mes chaussettes blanches et mes chaussures vernies noires. Mon regard croisa celui de Lou, ma poupée de chiffon, et je souris en pensant à tout ce que j'aurais à lui raconter à mon retour de la mer. J'avais l'impression que mes rêves étaient devenus réalité et je m'imaginais déjà en train de courir le long de la plage sur le sable doré. J'étais loin de me douter que j'allais entrer dans un nouveau cauchemar, pire que celui que je venais de traverser.

2

L'école de l'enfer

Connectées
La petite fille en moi est brisée, en mille morceaux
Elle ne saisit guère ce qui se passe
Je tente comme je peux de l'aider, de l'aimer
De lui donner la force de se battre.
Je ressens pleinement la souffrance qui l'afflige
Nous sommes connectées et je perçois sa douleur
Comme j'ai mal !
Je sais qu'en elle tout s'effondre
Et qu'elle ignore quoi faire
Tant de choses nous arrivent
Qui la dépassent
Et moi, pareil.
Je suis l'adulte, elle est l'enfant
Qui se bat pour exister
Et tenter de nous garder
Connectées.

Mon père s'installa avec moi dans la voiture de la sœur et nous roulâmes une heure et demie à travers la campagne. Tout au long du trajet, je nous imaginais en route pour la mer, l'endroit de mes rêves. Je ne revenais pas de la chance que j'avais, toutes les horribles choses que m'avait faites mon père étaient balayées de mon esprit. Tel un chiot que son maître aurait plusieurs fois frappé du pied et qui se voit soudain gratifié d'une caresse, j'étais si reconnaissante envers lui que j'aurais pu lui baiser les mains, celles-là mêmes qui m'avaient battue si impitoyablement.

Il avait beau être cruel, cet homme n'en restait pas moins mon père et quelque part je l'aimais. Je le haïssais chaque fois qu'il me frappait, me privait de manger ou m'abandonnait dehors dans le froid, mais à la moindre période de répit, aussi brève fût-elle, je recommençais à l'aimer. Il était pour moi la figure de l'autorité, celui qui savait : s'il me traitait mal, il devait avoir ses raisons. Certes, j'étais persuadée de ne pas être une mauvaise fille, mais à l'évidence mon père était convaincu du contraire ; peut-être avait-il raison, et moi tort. Quoi qu'il en soit, peu importaient les actions du passé, cette excursion à la mer effaçait tout.

Je m'imaginais à un tournant de ma vie. Cette journée à la mer n'était qu'un début : après, mon père m'emmènerait au cinéma voir les films dont parlaient les autres enfants, et peut-être même au cirque qui s'installait une fois par an dans un champ près de la maison. Soudain, ce trajet annihilait à lui seul cet univers de terreur, de recoins sombres et de remises glaciales qui était le mien et le remplaçait par la lumière dorée du soleil et le bleu profond de la mer. Mon chagrin allait enfin laisser place au bonheur.

Une vague de soulagement m'envahit tandis que je

regardais par la vitre. À qui devais-je tout cela ? À ma mère, bien sûr, mais à mon père aussi. La question me vint de savoir ce qui avait pu motiver un tel changement chez lui, mais je me fichais bien de la réponse, mon enthousiasme et mes espoirs étaient trop grands. Mon regard se posa sur mes belles chaussures vernies et je sentis les larmes me monter aux yeux, des larmes de joie.

En haut d'une colline, la voiture quitta brusquement la route pour franchir un portail, puis remonta une longue avenue d'arbres. Une impression étrange m'envahit : dans mes rêves, il n'y avait pas d'avenue d'arbres qui menât à la mer, ni de champ comme celui que je voyais à présent ; dans mes rêves, il y avait une plage de sable, pas des étendues de verdure. Quelque chose se retourna dans mon estomac, et mon enthousiasme commença à se dissiper.

Au détour d'un virage apparut alors un imposant édifice gris. Un frisson de peur me parcourut le corps. Le bâtiment était plongé dans l'obscurité, comme une maison hantée, et à mesure que nous nous rapprochions, je distinguai des barreaux en fer aux fenêtres. Que venions-nous faire là ? L'inquiétude céda la place à la panique et mes ongles s'enfoncèrent dans le livre de contes posé sur mes genoux.

Mes yeux s'arrêtèrent sur la nuque de mon père, sur ses cheveux enduits de brillantine, et mon instinct me dit qu'il n'y avait que lui pour m'amener dans cet horrible endroit après m'avoir fait croire que nous allions à la mer. Puis le doute reprit le pas sur la certitude : peut-être allions-nous juste nous arrêter pour prendre un café ? Peut-être la sœur vivait-elle là ? Malgré tout, la peur ne me quittait pas.

En arrivant au niveau de la porte d'entrée, le

bâtiment me sembla encore plus sinistre et lugubre, et je me demandai pourquoi j'étais là et pas à la plage. Quelque chose n'allait pas, je le sentais, et lorsque nous descendîmes de la voiture, je m'aperçus qu'une autre nonne nous attendait sur le pas de la porte. Mon père me saisit alors brutalement la main et la seconde nonne, la mère supérieure, nous escorta jusqu'à son bureau.

Mon père se tourna vers moi.

— Tu vas rester ici pendant quelque temps.

Je le regardai, abasourdie.

— Mais je ne peux pas, maman va m'attendre !

— Je lui dirai où tu es et elle viendra te rendre visite.

— Non ! m'écriai-je en me mettant à pleurer. Je veux rentrer à la maison voir ma maman !

C'est alors qu'il me lâcha la main.

— Tu restes ici.

Puis il se retourna et quitta la pièce.

Jusqu'à ce que mon père lâche ma main, et malgré la cruauté qu'il avait toujours montrée à mon égard, j'avais cru être en sécurité. À présent, j'étais seule, abandonnée. Au fond de moi, j'aimais mon père et mon souhait le plus cher avait toujours été qu'il m'aime en retour. Le moindre de ses sourires diffusait une sensation de chaleur dans mon corps ; je pensais : « C'est sûr, il m'aime », et la nuit précédente, passée dans la remise, était aussitôt oubliée. Mais cette fois, il m'avait bel et bien abandonnée.

Mon père sortit en compagnie de la nonne qui nous avait conduits, puis la révérende mère leur emboîta le pas et tous les trois se mirent à discuter dans le couloir. Je percevais les murmures de leurs voix à travers la porte mais ne parvenais pas à distinguer ce qui se disait. Je restai donc seule dans le bureau, perdue et effrayée.

L'estomac noué, je m'agitai nerveusement, m'asseyant sur une chaise pour m'en relever aussitôt. Je sentais qu'il se passait quelque chose de grave et que je n'irais ni à la maison ni à la mer. L'angoisse au ventre, je promenai mon regard sur le grand bureau devant moi et le mur derrière, puis revins à mes chaussures vernies.

Une petite voix dans ma tête ne cessait de répéter que je n'avais rien à faire là ; ce que je voulais, c'était rentrer chez moi, aussi terrible fût ma vie à la maison. Soudain, j'entendis dans le couloir des bruits de pas sur le sol ciré, si déterminés que je crus qu'ils allaient me piétiner. C'était une belle journée d'été, pourtant je grelottais de tous mes membres. Tout dans cet endroit était froid et inquiétant.

Mon père était parti et il ne reviendrait pas. Mais moi, pourquoi étais-je là ? Progressivement, je commençai pourtant à comprendre : j'avais été une vilaine, voilà tout. J'étais sans doute là à cause des deux garçons qui m'avaient menacée si jamais j'ouvrais la bouche ; et quand bien même je ne les avais pas dénoncés, cet endroit était probablement le foyer dont ils m'avaient parlé, et j'y étais prise au piège.

La révérende mère, une femme au physique ingrat et à l'air méchant, revint dans la pièce et s'assit derrière le bureau d'où elle me toisa d'un regard froid. J'aurais donné n'importe quoi pour que mon père repasse la porte et me prenne la main pour m'emmener à la mer, comme il me l'avait promis. Tout ce que je voulais, c'était pouvoir m'amuser sur la plage comme n'importe quelle petite fille. Je n'avais pas mérité de me retrouver là. Et cette voix intérieure qui me répétait : « Tu es une gentille petite fille, tu es une gentille petite fille... »

J'en étais certaine : les médecins, mon père, les deux garçons, tous autant qu'ils étaient se trompaient : j'étais gentille ! Mais tous mes efforts ne servaient à rien, j'allais être punie de toute façon. Incapable de lever la tête à l'idée de croiser le regard de cette imposante nonne à l'expression cruelle et méprisante, je baissai les yeux vers mes chaussures.

— Eh bien, demoiselle, demanda-t-elle enfin, savez-vous pourquoi vous êtes ici ?

— Non, répondis-je dans un murmure.

— Vous êtes ici pour apprendre à obéir. C'en est terminé de vos effronteries et de votre dévergondage. Nous allons faire de vous une lady. Parlez quand on vous y autorisera et répondez par « Oui, ma mère » et « Non, ma mère ».

Elle me regarda droit dans les yeux et mon cœur se serra davantage.

— Eh bien, avez-vous entendu ce que je viens de dire ?

— Oui, ma mère.

— À partir de maintenant, reprit-elle, vous répondrez au nom de Bernadette.

— Oui, ma mère, répondis-je, sans avoir la moindre idée de ce dont elle parlait. Je pensais qu'elle avait confondu mon nom, mais j'avais bien trop peur pour oser la reprendre. Je crois aujourd'hui qu'il s'agissait d'une tactique pour me désorienter et m'isoler davantage.

— Qu'est-ce donc que cela ? demanda-t-elle encore. Pour qui vous prenez-vous d'apporter ce genre d'objets dans cette sainte demeure ?

Je restai interdite l'espace d'un instant, avant de me rappeler le livre d'histoires que je tenais serré dans la main, les doigts crispés dessus comme si ma vie en dépendait.

Elle m'arracha le livre et me frappa la tête avec. Choquée et stupéfaite qu'une nonne puisse agir de la sorte, je fondis en larmes.

— Vous n'aurez pas le temps de lire des histoires, fit-elle d'un ton abrupt. Et inutile de pleurer, cela ne servira à rien ici !

Pourtant, je n'arrivais pas à me retenir et les larmes continuaient de rouler sur mes joues – les mêmes larmes de chagrin que je versais à la maison chaque fois que papa me battait. Car la nonne venait de faire comme lui : elle avait frappé sans raison – et sans même la connaître – une enfant dont le seul tort était d'être malheureuse et terrifiée. Je compris soudain que cette femme ne montrerait pas plus de pitié à mon égard que mon père, et que ma vie dans cet endroit, sans ma mère pour me consoler et m'apporter l'affection dont j'avais si cruellement besoin, serait encore pire qu'à la maison. Je séchai mes yeux d'un revers tremblant de la main, sous le regard impassible de la sœur.

Celle-ci me fixa encore un moment puis m'indiqua d'un geste de la main de la suivre. Nous traversâmes l'entrée, puis elle me conduisit le long d'un couloir jusqu'à une grande porte en bois.

Dans la pièce nous attendait une autre sœur qui me débarrassa de mon manteau et me retira le bracelet en argent que je portais au poignet. Elle me tendit en échange un paquet de vêtements et deux grandes serviettes de toilette puis me conduisit à l'étage où se trouvaient trois salles de bains, dont les portes vertes s'ouvraient en haut et en bas, comme des portes d'écurie. Dans chacune d'elles, la baignoire était située à gauche et le lavabo à droite.

Elle fit couler un bain et m'ordonna de m'y plonger, aussi m'exécutai-je. Elle me tendit ensuite un gros pain de savon puis sortit s'asseoir sur un petit tabouret en bois devant la porte laissée grande ouverte. *Voilà pourquoi on t'a amenée ici*, pensai-je tout en me lavant, *tu dois prendre un bain parce que tu es sale. Les nonnes le savent, c'est pour cette raison que tu es là*. Et je continuai de me frotter, dans l'espoir d'en ressortir plus propre à l'intérieur.

Durant tout ce temps, la sœur ne me quitta pas des yeux. À voir l'expression sur son visage, j'étais convaincue qu'elle était au courant de ce qu'avaient fait les deux garçons la veille de ma communion, et je plongeai le nez dans l'eau savonneuse. J'aurais voulu ne plus jamais remonter à la surface et disparaître. Je m'imaginais aspirée dans les canalisations par lesquelles je pourrais m'évader et rejoindre la plage – n'importe quoi pourvu que je puisse échapper à ce regard qui me fixait.

Mes rêves d'évasion furent brutalement interrompus par la sœur qui, une serviette à la main, m'ordonna de sortir de la baignoire. J'enfilai les vêtements que l'on m'avait remis – d'horribles habits grossiers et trop grands pour moi – ainsi qu'une médaille à l'image de la Sainte Vierge portant l'inscription : « Priez pour moi ». C'était pour moi une source de réconfort, car maman nous répétait souvent que la Vierge Marie veillait sur nous. La nonne me confisqua ensuite ma robe de communion et mes chaussures vernies et me demanda de la suivre.

Après avoir retraversé l'entrée puis un autre

couloir, nous montâmes encore un étage. Je gardai les yeux baissés de peur de regarder autour de moi, et les aurais fermés complètement si je n'avais craint de trébucher – faire abstraction du monde extérieur était devenu chez moi un réflexe. En haut des escaliers, nous prîmes un second couloir jusqu'à une nouvelle porte en bois, qui grinça lorsque la sœur l'ouvrit.

Je découvris un vaste dortoir de seize places. Jamais je n'avais vu autant de lits dans une seule pièce. Comme si elle avait lu dans mes pensées, la nonne désigna du doigt le premier de la rangée de droite.

— C'est là que tu dormiras, m'indiqua-t-elle.

Je fus saisie d'effroi : j'étais partie pour une journée à la mer et voilà que j'allais dormir dans un dortoir immense qui ressemblait à une prison. Les murs étaient couleur crème et des barreaux entravaient les fenêtres. Les rayons du soleil qui filtraient à travers les carreaux et inondaient le plancher éveillèrent en moi l'envie cruelle de retrouver le monde extérieur et le joli parc en face de ma maison.

Je sentis les sanglots gonfler ma poitrine et me mis à pleurer, sans parvenir à m'arrêter. Je pensais à ma mère qui allait se faire un sang d'encre en se demandant où j'avais bien pu passer, car assurément elle ne pouvait qu'ignorer ma présence dans cet endroit : jamais elle n'aurait accepté que l'on m'y laisse ! Ma mère m'aimait, elle n'aurait jamais permis une telle chose.

— Pas de larmes ici, ordonna la sœur en me jetant un regard froid.

Elle me conduisit ensuite dans une autre pièce au fond du couloir où se trouvaient plus de fillettes que je n'en avais jamais vu d'un coup : c'était la salle de vie. Toutes plus âgées que moi, elles étaient réunies en petits groupes et occupées à discuter, à se chamailler ou à se battre. À peine la sœur m'eut-elle laissée que certaines commencèrent à s'en prendre à moi et à me bousculer, me questionnant sur mon nom et mon âge et voulant savoir d'où je venais. Au mépris des instructions de la révérende mère, je répondis que je me prénommais Kathy, et elles se mirent à m'injurier, me traitant de pimbêche et de prétentieuse. En larmes, je regagnai le fond de la pièce où une estrade courait le long du mur ; je me perchai dessus pour réfléchir et tenter de comprendre ce qui m'arrivait.

Peu de temps après, on nous escorta jusqu'à un immense réfectoire au milieu duquel trônait une grande table en bois qui semblait rabotée par l'usage. On nous servit à la louche une espèce de bouillie puisée dans un grand récipient, après quoi nous nous installâmes sur l'un des deux bancs qui flanquaient la table. Depuis ma place, je contemplai la salle froide et déprimante.

C'est alors qu'une des sœurs se leva et annonça :

— Nous avons une nouvelle venue, vous l'appellerez Bernadette.

C'est en voyant les têtes se tourner dans ma direction que je pris conscience que l'on parlait de moi. Assise sur mon banc, ne sachant même plus qui j'étais exactement, je me demandai comment j'allais bien pouvoir quitter cet horrible endroit et retrouver le chemin de ma maison.

Je revis mes frères en train d'escalader les tas de bûches du jardin, et c'était comme si mon cœur me faisait mal à l'intérieur. Je repensai à Brian et me demandai si je lui manquais. Juste avant que mon père et la sœur ne viennent me chercher, nous étions occupés à allumer un mégot de cigarette volé dans la cheminée de la chambre des parents. Brian était un peu mon sauveur à la maison, et tandis que je pensais à lui, à sa gentillesse et sa bienveillance envers moi, les larmes affluèrent à nouveau et je me remis à pleurer. Pour une fois, quelqu'un me prit en pitié :

— Ne t'inquiète pas, ça va aller, fit gentiment ma voisine de banc.

Un peu plus tard, deux religieuses nous escortèrent en file indienne jusqu'au dortoir. L'extinction des feux fut quasi immédiate et l'on nous mit en garde contre tout bavardage. Allongée dans l'obscurité, pétrifiée par la peur, le désarroi et la solitude, j'attendis le sommeil en espérant que tout cela ne fût qu'un mauvais rêve.

Je dormis d'un sommeil agité, enfouissant ma tête sous les draps pour tenter de m'imaginer à la maison dans mon lit, avec ma poupée Lou dans les bras. Mais je m'aperçus vite que mes bras étaient vides et que Lou n'était pas là, et je me mis à pleurer en silence. J'entendais autour de moi les ronflements de certaines filles, tandis que d'autres se retournaient dans leur lit en laissant échapper de petits gémissements dans leur sommeil. À nouveau, je rabattis les couvertures au-dessus de ma tête en priant pour que le dortoir ait disparu à mon réveil.

Je m'assoupis probablement, car je me vis en rêve de retour dans la remise, Teddy blottie contre moi, bienheureuse de savoir ma chienne en train de veiller sur moi ; une fois encore, je m'aperçus en serrant les bras que Teddy n'était pas là. Le bruissement des arbres et le bruit du vent au-dehors me parvinrent alors aux oreilles et je me réveillai en sursaut, pour retrouver la réalité. Rejetant les couvertures de mon visage, je vis par la fenêtre en face de mon lit le magnifique clair de lune dont la lueur pénétrait dans le dortoir, et que j'avais si souvent contemplé dans la remise la nuit.

Le faisceau de lumière qui inondait le plancher faisait ressortir les ombres des lits, et dans le lointain je perçus le cri d'un animal, sans doute un chat ou un chien. Les ténèbres avaient cédé la place à l'astre de la nuit, et l'espace d'un instant j'oubliai tout de mon malheur. Mais un nuage vint à passer, et la pénombre m'engloutit à nouveau.

Notre réveil le lendemain matin se fit au son des claquements de mains retentissants d'une sœur, qui nous firent bondir de nos lits. J'avais les yeux bouffis à force d'avoir pleuré et ils me faisaient si mal que j'osai à peine les toucher. Je fis ma toilette dans les cabines de douche en compagnie des autres filles. Après nous être habillées, nous nous mîmes en file indienne pour descendre à la messe. Nous regagnâmes ensuite le réfectoire pour le petit déjeuner, composé d'un autre de ces bols de bouillie servie directement de la marmite – du porridge, vraisemblablement – et d'une tasse de thé. Mais j'étais dans un état tel que, malgré la meilleure volonté, je ne pus rien avaler.

Après le petit déjeuner, nous fûmes conduites jusqu'à une salle de classe dans un autre bâtiment, une pièce froide et humide aussi morne et sinistre que les précédentes, et nous prîmes place derrière de vieux pupitres en bois aux encriers vides, sans que l'on nous donnât quoi que ce soit d'autre pour écrire. Devant nous se tenait une vieille religieuse en train de discourir – de quoi, personne n'en savait rien à cause des crissements de sa craie sur le grand tableau noir.

Nous étions toutes là à la regarder écrire et nous parler sans comprendre un traître mot de ce qu'elle racontait, et je ne sus jamais ce que cette nonne tentait de nous apprendre. Chaque jour, nous restions assises en silence, tandis qu'elle discourait sans relâche, et je me rappelle encore ma surprise de voir mes camarades aussi disciplinées. J'allais vite découvrir à mes dépens que la raison de cette obéissance n'était autre que la grande sangle de cuir posée sur son bureau – la seule méthode d'éducation reconnue par les nonnes.

La pièce était dénuée de toute couleur, à part le blanc et le noir, et je me morfondis de chagrin au fond de la classe – une classe que je ne devais plus fréquenter, ou très peu, par la suite. À l'heure du déjeuner, nous redescendîmes à la queue leu leu dans la grande salle à manger où l'on nous servit un nouveau repas de bouillie et de pain, qu'il nous fallut manger en silence. Les leçons continuèrent durant l'après-midi, puis à 17 heures, il y eut rassemblement dans le grand hall pour la prière et le repas du soir. Nous fûmes ensuite autorisées à nous détendre pendant une heure dans la salle de récréation. Il n'y avait là ni radio ni télévision, ni jeu ou jouet d'aucune sorte. Vers 19 ou 20 heures enfin, ce fut la remontée au dortoir.

Malgré les difficultés rencontrées dans ma précédente école, j'aurais été parfaitement heureuse de pouvoir continuer de m'asseoir en classe jour après jour, sans rien faire ni rien apprendre ; au moins me laissait-on en paix, libre de rêvasser. Mais je découvris très vite que les religieuses n'entendaient nullement perdre leur temps à nous faire la classe, quand il leur était plus profitable de nous confier les pires corvées.

Dès le jour suivant, je fus en effet dispensée de cours et me vis remettre en échange un chiffon et un vieux seau en fer chromé : je venais de quitter le statut d'élève pour celui d'esclave. On me conduisit aux douches et je reçus l'ordre de récurer les baignoires et d'astiquer la robinetterie. Jamais de ma vie je n'avais eu à accomplir un tel travail ; mes épaules, mes bras et mes jambes s'en ressentirent plusieurs jours durant. Mon corps d'enfant était soumis à rude épreuve. Je n'eus pourtant pas d'autre choix que de m'y habituer, car à partir de ce moment, je récurai et nettoyai presque chaque jour une partie ou une autre du bâtiment. Pour moi, mais aussi pour bon nombre de mes petites camarades, douches, toilettes, couloirs, cuisines et salles de visites avaient remplacé la salle de classe. Nous assistions aux cours une matinée de temps en temps ; la majorité du temps, nous trimions au service des nonnes.

Les religieuses avaient pour mission d'éduquer les jeunes filles qui leur étaient confiées ; l'État les payait pour cela, mais elles s'en moquaient. Cette école religieuse n'était rien d'autre qu'un camp d'entraînement, avant les laveries auxquelles la plupart des pensionnaires étaient de toute façon destinées : plus tôt on les habituerait au travail, mieux elles se conformeraient au régime qui les attendait.

Malgré mon jeune âge, j'avais l'intime conviction que les religieuses agissaient mal. Dans les écoles publiques, des inspecteurs venaient régulièrement contrôler les registres de présence des élèves. On prévenait les parents qu'ils seraient tenus pour responsables en cas d'absence de leurs enfants, et qu'ils couraient le risque qu'on les leur retire pour les placer dans des écoles administrées par les Frères chrétiens ou les sœurs. Les élèves qui faisaient l'école buissonnière étaient sévèrement punis. Mes ennuis avec l'école avaient débuté lorsque j'avais refusé d'y retourner, à cause des abus et des sévices que j'y endurais. Manquer l'école était un crime grave, qui avait eu pour conséquence mes visites chez le médecin, le diagnostic de mon « caractère difficile » et finalement mon arrivée dans cet endroit épouvantable. Alors, me demandai-je, si le fait de manquer la classe était la raison principale de ma présence ici, pourquoi n'y allais-je pas tous les jours ? Au bout de quelque temps, j'en vins même à regretter mon ancienne école de Clondalkin et la maîtresse qui m'enfermait dans l'armoire. Je me fis le serment que, si je sortais un jour de cet endroit horrible, je ne manquerais plus jamais une seule minute de cours et ferais mes devoirs tous les soirs.

Je nettoyais les rampes d'escaliers, les marches et le rebord des fenêtres, l'office, les cuisines, les bureaux et la salle de vie, et j'avais les genoux à vif à force de rester à quatre pattes sur les dalles de pierre ou de marbre. Où que nous fussions, en train de laver ou de frotter, une religieuse se trouvait toujours dans les parages pour prévenir toute distraction : la moindre trace de saleté devait disparaître. Chaque soir, je regagnais mon lit exténuée et me réveillais le matin aussi épuisée. Aucune compensation financière n'était prévue pour notre labeur et il ne fut jamais question du moindre remerciement, bien au contraire : les nonnes nous hurlaient dessus à longueur de temps en nous accusant de ne pas travailler assez dur.

Nous étions, d'après elles, punies pour nos péchés et notre désobéissance : faire pénitence était le seul moyen de sauver nos âmes et de nous préserver du démon. L'oisiveté était un péché que le démon savait exploiter, il nous fallait donc travailler pour lui échapper. Voilà l'excuse que les religieuses avançaient pour imposer matin, midi et soir à des petites filles un labeur que même un adulte robuste aurait eu du mal à supporter.

Il n'existait pas un seul endroit dans toute l'école, y compris l'église, susceptible d'apporter le moindre réconfort à un enfant. Chaque matin, au petit déjeuner, nous nous rendions, en file indienne comme à l'accoutumée, dans la chapelle située à l'extérieur du bâtiment principal. Les sœurs, les « épouses » du Christ comme on les appelait, occupaient les deux premières rangées de sièges à gauche de l'allée centrale. Les filles, quant à elles, prenaient place quatre ou cinq rangs derrière, comme si les religieuses avaient eu honte de nous, pauvres pécheresses, et que plus loin nous étions de l'autel, mieux c'était.

Le prêtre nous exhortait à implorer la pitié de Jésus qui avait souffert sur la croix pour nos péchés, une souffrance bien plus grande que toutes celles que nous pourrions jamais vivre ou imaginer. Les pécheresses que nous étions ne comprendraient jamais le martyre qu'Il avait enduré pour nous. Alors, au lieu de nous plaindre de nos petites tracasseries, autant valait les offrir à Notre Sauveur. Non seulement avait-Il souffert pour nous, mais Il avait sacrifié Sa vie pour nous ouvrir les portes du Paradis. Nous devions donc souffrir à notre tour, et cette souffrance s'appelait faire pénitence. Ceci nous permettrait de nous défaire de nos péchés, en actions mais aussi en pensées. Car oui, il était possible de pécher en pensées, par exemple en pensant du mal de nos protectrices, les nonnes, que leurs vœux de pauvreté, d'obéissance et de chasteté avaient pourtant placées près du Seigneur, leur protecteur. Quiconque désobéissait ou pensait du mal des épouses du Christ commettait directement un péché contre le Seigneur.

Les pensées et les actions impures étaient les pires des péchés et c'était, à en croire le prêtre, la raison de la présence de la plupart d'entre nous dans cet endroit. Nous avions perdu la grâce, disait-il. Mais si nous montrions à Dieu notre amour pénitent et expiions nos péchés en faisant preuve de remords véritables sans nous plaindre, aussi dur cela fût-il, Dieu nous pardonnerait et nous rendrait notre pureté.

Sans pénitence, nous péririons dans les flammes de l'enfer, privées à jamais de l'amour de Dieu et de l'homme, et notre calvaire ne durerait pas une minute, ni une heure, ni une semaine, ni un mois, ni un an, mais l'éternité tout entière. Nos souffrances ici-bas n'étaient rien et notre pénitence s'avérait une partie de plaisir comparées aux tourments qui attendaient l'âme non repentie. Il existait en enfer un endroit abominable spécialement réservé aux pécheurs qui s'obstinaient dans leurs pensées et leurs actions impures.

De toute évidence, les autres filles savaient de quoi le prêtre parlait ; pour ma part, je ne comprenais rien. Quelles que fussent ces fameuses pensées impures, elles semblaient représenter le pire des péchés, et aussi innocente que j'étais, je comprenais bien que des choses impures avaient été faites à mon corps par les deux garçons. Malgré tout, je restais persuadée d'être la seule fautive, destinée à la damnation éternelle, comme mes camarades. Je n'avais aucune idée de la nature de leurs exactions car, étant la plus jeune, on me parlait rarement – les autres filles n'avaient d'ailleurs pas vraiment l'occasion de se faire des confidences, car les nonnes réclamaient toujours le silence : le bavardage menait au dévergondage, le silence, lui, était d'or. Je devinais, en outre, que ma mise à l'écart devait avoir un rapport avec l'incident horrible qui s'était produit peu de temps après mon arrivée. Ce jour-là, une nonne m'avait emmenée dans une salle et installée sur une table pour, disait-elle, vérifier si j'étais « intacte » – je n'avais aucune idée de ce dont elle parlait. Elle m'ordonna de m'allonger et m'ôta mes sous-vêtements. L'instant d'après, je sentis un de ses doigts me pénétrer. Je poussai un hurlement de douleur. J'appris par la suite que toutes les filles se pliaient régulièrement à ce rituel – et qu'une des adolescentes déclarées intactes avait donné naissance à un bébé quelques mois plus tard.

Certains soirs, je peinais à m'endormir, l'esprit hanté par les paroles du prêtre concernant les pensées impures, terrifiée à l'idée de mourir dans mon sommeil et de me retrouver à brûler pour l'éternité dans cet endroit de l'enfer réservé à toutes les filles comme moi qui n'auraient pas eu le temps de faire pénitence. Une fois, je me réveillai au beau milieu de la nuit, persuadée de voir les flammes infernales franchir les barreaux des fenêtres et progresser vers moi sur le plancher. J'étais dans ma robe de communiante, les mains jointes, en train de demander pitié tandis que les flammes se répandaient et embrasaient mon habit. Je sentais la brûlure du feu sur mes mains – la même que celle causée par la casserole d'huile bouillante – puis les flammes remontèrent vers mon visage qui commença à fondre. Un hurlement muet sortit de ma bouche tandis que je rabattais les couvertures au-dessus de ma tête. Je tremblais de la tête aux pieds, et il me fallut plusieurs heures pour évacuer cette image de mon esprit.

Les traumatismes étaient tels que nous étions

nombreuses à mouiller régulièrement nos draps la nuit. Cela déclenchait la fureur des religieuses qui, lorsqu'elles découvraient nos lits souillés le matin, nous obligeaient à enlever les draps et à nous envelopper dedans tandis qu'elles nous faisaient mettre en rangs, en hurlant combien répugnantes et abjectes nous étions.

Chaque jour, sur le chemin du retour de la messe, je considérais le haut mur d'enceinte de l'école en imaginant mon évasion. Mais le mur était bien trop haut pour une fillette de huit ans. Le seul fait de lever la tête me donnait le vertige.

J'étais pourtant obsédée par ce mur, au point d'en rêver la nuit : je me voyais en train de l'escalader. Mais chaque fois que je pensais être arrivée à son sommet, je m'apercevais qu'il s'étirait toujours plus haut vers le ciel et, en regardant la distance qui me séparait du sol, le vertige et la panique s'emparaient de moi.

Un jour que nous redescendions l'allée en deux files encadrées par une nonne à chaque extrémité, l'une d'entre elles me lança soudain :

— Vous savez, demoiselle, regarder ce mur ne vous servira à rien, vous ne pourrez jamais le franchir. Et quand bien même y parviendriez-vous, ce serait pour vous noyer aussitôt dans la rivière qui coule de l'autre côté.

Ce fut la dernière fois que je regardai le mur. La sœur avait brisé mon dernier espoir d'évasion : je ne savais pas nager. Si j'avais déjà l'esprit perturbé en arrivant dans cet endroit, c'était probablement pire à présent que mon supplice durait nuit et jour, dans mon sommeil comme dans mon temps d'éveil. J'imagine qu'il en allait de même pour les autres filles, mais sans doute mon jeune âge me rendait-il plus vulnérable.

La monotonie des semaines était d'un ennui débilitant et éprouvant. Chaque jour ressemblait au suivant et semblait ne jamais finir. À l'exception du dimanche, il m'était parfois difficile d'identifier le jour de la semaine et je ne savais plus depuis combien de temps j'étais là. J'essayais de deviner, mais pour moi une semaine aurait pu être un mois, et un mois une année.

Lorsqu'elles se furent habituées à moi, les autres filles m'acceptèrent et, du fait de mon jeune âge, me prirent même sous leur aile ; j'étais un peu leur mascotte. Les religieuses, au contraire, continuaient de s'en prendre à moi sans la moindre indulgence pour mes jeunes années, me faisant travailler aussi durement que les autres et s'attaquant même au peu d'amour-propre qu'il me restait encore. Je me rends compte aujourd'hui que cette violence, bien que différente, était aussi perverse que celle des coups. Les religieuses me rabaissaient pour me briser mentalement et m'asservir. La révérende mère me répétait que j'étais une idiote doublée d'une effrontée, et que c'était ce qui m'avait menée là : mes parents avaient souhaité se débarrasser de moi pour les mêmes raisons, mais elle et les autres nonnes viendraient à bout du mal en moi. Je me sentais comme ces lépreux dont on nous avait parlé à l'église : les plaies qu'ils avaient sur le corps étaient aussi immondes que celles que cette nonne infligeait à mon esprit. Lorsque je demandai à retourner en cours, afin d'échapper à ces tâches ménagères harassantes, la religieuse souligna l'absurdité de ma requête :

— Je n'en vois pas l'intérêt, vous n'êtes qu'une bonne à rien.

Bien que la solitude me pesât, je commençai toutefois à m'habituer à la routine, mon chagrin comme anesthésié par la dureté du travail. Les jours se succédaient et je regagnais mon lit le soir, rompue de fatigue. La maison me manquait, à l'exception des coups et de la cruauté de mon père ; le pire pour moi étant d'être éloignée de ma mère et de ne pas savoir si je la reverrais un jour.

Les sœurs n'étaient pas favorables aux visites car, affirmaient-elles, les pensionnaires en ressortaient toujours abattues et démoralisées. Elles n'avaient pas tort en disant cela, à ceci près que leur véritable sujet de préoccupation n'était pas notre état mais plutôt la bonne marche de leur régime de travail forcé : il était toujours plus difficile de remettre une fille au travail après une visite de l'extérieur. Un après-midi, je reçus l'ordre de me rendre à la salle des visites dès mes corvées achevées : mon père et un de mes frères m'y attendaient. Malgré sa cruauté, j'étais reconnaissante à mon père d'être venu me voir, même si j'eusse fortement préféré voir ma mère à sa place. La déception me remplit de tristesse et je dus retenir mes larmes, que je sentais déjà prêtes à couler. Après quelques brefs échanges – dont une remarque me prévenant que j'avais intérêt à bien me conduire – mon père se prépara à partir. Je brûlais d'envie de l'informer du genre de vie que je menais dans cet endroit, mais je savais qu'il s'en ficherait et, avec la révérende mère qui rôdait autour de nous, j'avais bien trop peur des représailles.

Je vis à l'expression de mon frère que l'atmosphère du lieu le terrifiait et qu'il était horrifié à l'idée de finir lui aussi dans ce genre d'endroit. Sans doute était-ce dans ce but que mon père l'avait emmené avec lui. La révérende mère le pria d'embrasser sa petite sœur pour lui dire au revoir, et tandis qu'il passait son bras autour de moi, je sentis qu'il tremblait. Ils quittèrent ensuite la pièce et je courus à l'étage les regarder s'éloigner sur la grande avenue à travers les barreaux du dortoir. Et je ne retins plus mes larmes.

Trois ou quatre semaines plus tard, mes prières furent exaucées : ma mère vint me rendre visite, accompagnée d'une de nos petites voisines. Ma joie était telle que j'en restai d'abord bouche bée. Je me souviens que maman portait un manteau à carreaux blancs et noirs et qu'elle me tendit une boîte de Smarties ainsi qu'une des plus belles poupées que j'eusse jamais vues, avec de longues boucles blondes et un joli minois. La tête était en plastique mais son corps de chiffon était doux au toucher. Ma mère avait spécialement confectionné une tenue pour, disait-elle, cette nouvelle amie qui me tiendrait compagnie. Je la baptisai immédiatement Laura. Je réalise aujourd'hui que la visite de ma mère coïncidait probablement avec mon anniversaire, mais comment aurais-je pu le savoir, puisque les religieuses ne marquaient jamais les anniversaires et que nous ignorions souvent quel mois nous étions ?

Lorsque j'eus enfin retrouvé l'usage de ma langue, j'implorai ma mère de me sortir de cet endroit, lui racontant la cruauté des nonnes et le dur travail qu'elles m'imposaient. Elle parut étonnée d'apprendre que je n'étais pas scolarisée et m'assura qu'elle ferait son possible pour m'aider, en me rappelant toutefois que je devais ma présence dans ce lieu à mon père et qu'il serait seul décisionnaire quant à mon retrait de l'établissement. Elle me promit de lui parler. À ces mots, mon cœur se serra. Mon père me détestait et se réjouissait de m'avoir fait débarrasser le plancher, jamais il ne me ferait sortir de cette école : j'étais condamnée à y rester. Je me mis à hurler et à pleurer de manière hystérique, incapable de me calmer en dépit des tentatives de ma mère pour me réconforter.

Alertée par cette agitation, la révérende mère nous rejoignit dans la pièce et commanda à mes visiteuses de partir. Je bondis aussitôt de ma chaise pour me réfugier auprès de ma mère, renversant au passage la boîte de Smarties, dont le contenu se répandit sur le sol. Agrippée de toutes mes forces à son manteau, je lisais l'émotion sur son visage tandis que les larmes lui montaient aux yeux. La révérende mère me saisit alors par la taille pour me faire lâcher, mais je m'accrochai si fort que les boutons du manteau sautèrent. Affolée à l'idée d'être une nouvelle fois séparée de ma mère, je sentais dans ma poitrine mon cœur prêt à exploser.

Finalement, la mère supérieure parvint à convaincre maman qu'il valait mieux me laisser et qu'elle s'occuperait de moi. À peine mes deux visiteuses sorties de la pièce, elle se mit à me rosser en me menaçant de toutes sortes de représailles si je n'apprenais pas à me tenir, puis elle m'ordonna de monter au dortoir. Je remontai le couloir en courant et gravis les escaliers en hâte dans l'espoir d'apercevoir une dernière fois ma mère par la fenêtre du dortoir, et tandis que je la regardais s'éloigner, je sentis au plus profond de mon être que je ne rentrerais pas chez moi de sitôt.

Il se passa des mois sans que je voie personne de l'extérieur. Chaque semaine, le jour des visites, je traînais dans la salle vêtue de mon blazer bleu marine, juchée sur une des tables en train de balancer mes jambes, attendant désespérément que ma mère vienne me sauver. Chaque fois qu'une religieuse me voyait, j'avais droit à la même remarque assortie d'un rire moqueur.

— Ne comprends-tu donc pas que ta mère ne veut pas de toi ? C'est pour ça qu'elle t'a envoyée ici !

Toutes les religieuses n'étaient pas aussi cruelles. Celle en charge des cuisines était d'ailleurs particulièrement gentille et m'avait promis de m'apprendre à cuisiner. Dans cet environnement hostile, je me raccrochais au moindre signe de bienveillance – un rayon de lumière dans les ténèbres de mon existence.

Un jour, six d'entre nous furent convoquées aux cuisines en prévision de la venue de visiteurs le lendemain matin, les « snobs » comme nous les appelions. Avec moi, il y avait Bridghie qui avait treize ans, Liz, Margaret et Marie qui en avaient douze et Mary Ellen qui en avait quatorze. Nous aidions à préparer le pain et les scones aux fruits. Nous étions en plein travail lorsque la révérende mère fit irruption dans la pièce et m'ordonna d'aller nettoyer la salle de vie. J'ignore encore comment j'eus le cran de lui faire front, toujours est-il que je lui assurai préférer rester là avec mes amies. Sans doute avais-je été tellement battue que je me fichais bien désormais de ce qui pouvait m'arriver, ou peut-être était-ce la petite effrontée dont on me parlait sans cesse qui commençait à s'éveiller en moi. Quoi qu'il en soit, j'avais répondu sans peur.

— Fort bien, répondit la religieuse, puis elle tourna les talons.

Je crus bêtement que j'avais eu le dessus. Cependant, à peine avait-elle eu quitté la pièce que l'on m'envoya chercher. Dans le bureau où elle m'attendait, ses yeux brûlaient de rage. Elle tordait dans ses mains une sangle de cuir noir et m'ordonna de refermer la porte derrière moi. Je sentis un nœud se former dans mon estomac.

Mon regard était rivé sur la sangle et les doigts crispés autour. Incapable de supporter cette vision plus longtemps, je baissai les yeux au sol, que j'avais si souvent lavé et lustré à quatre pattes. Une pénitence dont je comprenais à présent qu'elle avait été vaine : j'allais être punie. Il y eut un silence insoutenable, puis la sœur se mit à hurler.

— Regardez-moi, petite impertinente ! Regardez-moi !

Sa voix impitoyable emplissait la pièce. J'avais envie de hurler moi aussi, mais je savais que cela ne ferait qu'aggraver mon cas. Mes jambes flageolaient, j'avais l'impression que j'allais me faire pipi dessus. Je voulais implorer pitié, mais à quoi bon, la salle regorgeait de sa fureur. Je levai lentement les yeux vers la sangle de cuir à hauteur de son visage.

Je sentais la peur paralyser mon corps devant ce regard empli de la même rage que celle que je lisais dans les yeux de mon père lorsqu'il me frappait. Ce regard de tortionnaire m'informait précisément de ce qui allait m'arriver. Je percevais le souffle chaud de la respiration de la sœur, contrastant avec la froideur de son visage ; sa main glissa le long de la sangle et se referma à l'une de ses extrémités.

— Je vais vous apprendre à ne plus jamais me reparler de la sorte. Personne ne me tient tête ! s'exclama-t-elle.

Je ne respirais plus que par à-coups, et mon cœur s'emballa dans ma poitrine. Devant mes yeux, je voyais le poing de mon père qui se serrait toujours avant de s'abattre sur ma tête.

Elle m'ordonna de tendre les mains, m'avertissant

que si je les retirais, je recevrais cinq coups supplémentaires. Je présentai mes mains mais les retirai aussitôt par réflexe. Mes genoux s'entrechoquaient. Elle me tint les poignets sur le bureau pour m'empêcher de bouger puis commença à fouetter. La douleur était insoutenable, mes doigts viraient au rouge vif tandis qu'elle assénait coup après coup jusqu'à ce que, à bout de souffle et le front perlé de sueur, elle s'arrêtât, épuisée.

Mes mains étaient en feu, la douleur m'élançait à tel point que je croyais mes doigts cassés. Mon cœur avait aussi mal qu'après les rossées de mon père. Pourtant, une voix dans ma tête ressassait : « Tu ne mérites pas ça ! Tu n'as rien fait pour mériter ça ! Tu n'es qu'une enfant, une gentille petite fille. Tu sais que tu n'es pas méchante ! » J'avais envie que ma vie s'arrête. Je voulais disparaître. Mourir. Mon âme maudite venait de sombrer une nouvelle fois dans la nuit.

La révérende mère me renvoya aux cuisines, les mains tout endolories. La sensation était toujours la même : d'abord le feu de la brûlure, puis des picotements qui, lorsqu'ils disparaissaient, laissaient place à une douleur intolérable. À peine dans le couloir, je laissai se déverser les flots de larmes que j'avais retenus durant ma correction. Les seules paroles de réconfort qui m'accueillirent émanèrent de Bridghie :

— Ne t'en fais pas, tu t'habitueras.

Comment un enfant pouvait-il s'habituer à ce genre de traitements ? J'en déduisis que la chose allait se reproduire, et mon désespoir devint total.

Au bout de quelques jours, les plaies sur mes mains virèrent au jaune et au violet, sans que la douleur s'atténuât pour autant. Il faut dire que frotter, laver et lustrer le sol n'était pas pour favoriser leur guérison.

Chaque mouvement avec la serpillière ravivait la douleur ; du pus sortait de mes plaies ouvertes, infectées et meurtries par l'eau de Javel et la saleté. Je pleurais tous les jours à leur vue, en repensant à ce que j'avais subi dans le bureau de la révérende mère.

La douleur physique n'était cependant qu'un aspect de ma souffrance : à elle s'ajoutaient le sentiment d'humiliation et l'absence d'un allié vers qui me tourner. Cette souffrance affective traversait chaque fibre de mon corps. À la maison, je savais pouvoir toujours trouver consolation auprès de ma mère. Dans cette prison nouvelle, je n'avais aucune issue ni aucun réconfort à espérer : j'étais condamnée, et les coups seraient ma peine.

Avec le temps, la colère se substitua au chagrin et lorsque arriva une nouvelle journée en cuisines, je vis l'occasion de me venger. Chacune de nous était occupée à sa tâche, la mienne consistant à transvaser le lait dans un grand broc en fer pour la préparation du pain.

Lorsque la surveillante partit chercher la jatte de farine dans le garde-manger, je sautai sur l'occasion pour m'emparer du gros savon désinfectant qui traînait sur le bord de l'évier. J'ouvris le robinet pour l'humidifier et me frottai doucement les mains avec jusqu'à ce qu'il mousse. Quand le récipient placé en dessous fut rempli de mousse, je déversai son contenu dans le broc de lait et mélangeai à l'aide d'une cuillère en bois.

La religieuse revint et posa la farine sur la table.

— Maintenant, les filles, les œufs en premier, une pincée de sel et ensuite le lait, expliqua-t-elle.

Puis, quand vint mon tour d'ajouter le lait :

— Doucement. Un trait à la fois.

Mon cœur fit un bond en voyant la mousse se mêler à l'appareil, et les filles se donnèrent des coups de pied d'excitation sous la table. On enfourna ensuite le gâteau et les petits pains, avant de regagner le grand hall pour le repas du soir. Ce soir-là, dans le dortoir, les conversations ne tournèrent qu'autour d'un sujet : qu'adviendrait-il lorsque les nonnes goûteraient la mixture empoisonnée ?

Le lendemain, notre équipe fut convoquée dans le bureau de la révérende mère où l'on nous fit nous aligner contre le mur. On nous informa qu'une huitaine de nonnes avaient été très malades durant la nuit et qu'elles se trouvaient être celles qui avaient mangé du gâteau et des petits pains, les autres étant en parfaite santé.

— Les pauvres ont passé la nuit aux toilettes avec la diarrhée, expliqua la révérende mère. Je veux connaître la responsable.

Aucune des filles n'ouvrit la bouche, mais ce n'était qu'une affaire de temps avant que la révérende mère ne devine l'identité de la coupable et que je subisse ses foudres. Plus tard, nous apprîmes que les nonnes avaient été malades trois jours et trois nuits durant.

Je fis office d'exemple et payai cher mon acte. On me plongea deux fois par semaine dans des bains glacés jusqu'à ce que mes lèvres bleuissent et que je ne sente plus le bout de mes doigts ; et lorsque j'en ressortais, c'était pour grelotter encore pendant des heures, avec l'impression de ne jamais plus pouvoir me réchauffer. Pourtant, même dans l'eau glacée, j'élaborais déjà ma prochaine revanche.

Effet des punitions à répétition, j'ouvris très vite les yeux sur la réalité de ma situation et compris que je ne partirais plus : j'étais là pour rester. Malgré les journées éprouvantes et les nuits peuplées de cauchemars, je savais qu'il me fallait survivre : aussi forte que fût parfois mon envie de mourir, la peur des supplices qui m'attendaient en enfer l'était davantage.

Le soir dans mon lit, je repensais à notre jardin et à mon frère Brian assis près de moi sur le tas de bûches avant que je ne parte « pour la mer ». Je me demandais si ma tirelire était toujours au même endroit, dans le mur du fond de la remise où je l'avais cachée par crainte d'égarer mon argent à la mer. Ma mère me l'avait fabriquée à partir d'une boîte de conserve et de galets, un jour que j'étais en train de jouer à la marelle. Puis elle m'avait donné deux sous pour jouer au lancer de pièces, ce jeu où celui qui lance la pièce le plus loin la remporte.

Je pensais à Lou, ma poupée de chiffon, et m'imaginais en train de jouer avec les autres enfants du quartier dans le parc. Je pensais à ma mère aussi, jusqu'à ce que je n'en puisse plus et sombre dans un sommeil agité jusqu'au matin, quand venait le moment de retourner travailler.

J'étais passée experte dans l'art de frotter le plancher et de défier les nonnes. Malgré notre emploi du temps éreintant, nous avions nos fous rires et nos bons moments, comme lorsque j'arpentais la salle de vie en imitant les nonnes en train de réciter le rosaire ou que nous singions, tordues de rire, leur façon de marcher et de parler.

Quand une nonne nous surprenait, nous avions interdiction de nous adresser la parole, et si notre travail ne donnait pas satisfaction, on nous faisait recommencer et frotter un endroit déjà propre. L'une d'entre elles, particulièrement sadique, prenait un plaisir manifeste à me sanctionner pour mes écarts de conduite. Ma punition consistait à boire une cruche d'eau entière, verre après verre, jusqu'à ce que ma vessie ne demande plus qu'à exploser. N'en pouvant plus, je finissais par l'implorer : « Ma sœur, s'il vous plaît ! Ma sœur, laissez-moi aller aux toilettes, je vais faire pipi par terre ! » Mais elle se contentait de me fixer :

— Sale petite dégoûtante. Tu en serais bien capable, espèce de créature abjecte !

Elle me gardait jusqu'à ce que je ne puisse plus me retenir ; je sentais alors la chaleur du liquide honteux ruisseler le long de ma jambe et former une flaque sur le parquet – l'excuse tant attendue pour me frapper et me faire ensuite éponger ma propre urine.

Les rares nonnes qui se montraient gentilles craignaient les réprimandes autant que nous. La révérende mère leur reprochait leur indulgence : leur rôle était de nous inculquer la discipline et de nous punir de nos péchés.

On nous rappelait constamment notre condition de pécheresses et le fait que le travail et les punitions faisaient partie de notre pénitence. C'était le principe des sœurs de Marie-Madeleine : il fallait l'accepter ou périr. Les religieuses avaient toujours la main levée, prêtes à nous démolir, physiquement et mentalement. Ce que nous pensions leur importait peu ; à leurs yeux, nous étions des moins-que-rien. Et vous aviez beau essayer de leur tenir tête, vous finissiez toujours par croire ce qui sortait de leur bouche.

Des garçons du coin escaladaient souvent le mur du verger pour voler des pommes, et nous les interpellions à travers les barreaux de nos fenêtres en leur faisant de grands gestes, brûlant d'être à leur place pour secouer nous aussi les fruits des arbres. Nous leur enviions leur liberté. Eux ne s'en rendaient pas compte, et nous regardaient comme des bêtes sauvages en même temps qu'ils décampaient. Ils ignoraient tout de ce qui se passait à l'intérieur de nos murs.

Si elles nous entendaient appeler les garçons, les nonnes venaient nous traîner loin des fenêtres et trouvaient une façon de nous punir. Nous avions droit ensuite, durant la messe, à un rappel opportun du prêtre sur les conséquences de nos pensées et de nos actions impures.

Les nonnes veillaient à ce que nous n'ayons aucun contact avec le monde extérieur. Seule une courte promenade dans l'allée intérieure était autorisée une fois par jour, et sous étroite surveillance. Il fallait alors porter une tenue décente qui couvrît bien notre corps afin de ne pas éveiller la tentation chez les hommes du domaine en donnant une mauvaise image de nous. Les seuls hommes que nous connaissions étaient les jeunes garçons du verger et les livreurs de l'école – mais ce n'était pas d'eux que venait la véritable menace.

Alors que je commençais à peine à m'habituer à la dure vie de l'école, les événements prirent une tournure dramatique. Certaines d'entre nous avaient pour tâche d'aider le prêtre pendant la messe du dimanche matin. Je devais pour ma part débarrasser l'autel de ses ornements, tels que le calice et les nappes de parement, et les rapporter à la sacristie. Au début, le prêtre feignit la gentillesse et m'assura qu'il m'aiderait à quitter l'école pour que je puisse rentrer chez moi. Sans que je comprenne pourquoi, Liz me suggéra de me méfier de lui. Au bout de quelque temps en effet, le prêtre se mit à nous molester après la messe ; Liz et moi étions ses cibles préférées. Il glissait une main dans ma culotte tandis qu'il plongeait l'autre sous sa robe pour se masturber ; lorsqu'il avait fini, il s'essuyait à l'aide d'un mouchoir. Cet homme m'avait redonné espoir pour mieux abuser de moi, et lorsque je vins me plaindre à lui, il répondit : « Tu veux retourner chez toi, oui ou non ? », avant de me rappeler de ne rien dire à personne.

Deux jours avant le réveillon de Noël, je fus convoquée dans le bureau de la mère supérieure. Elle me pria de fermer la porte derrière moi puis, consultant le gros registre posé sur le bureau devant elle, m'annonça que je rentrais à la maison pour les fêtes ; c'était pour l'après-midi même. Je demeurai interloquée et pantoise, les larmes se mirent à couler sur mes joues.

— Vous avez pleuré des semaines durant parce que vous vouliez rentrer chez vous, et maintenant que c'est chose faite, voilà que vous pleurnichez à nouveau ! fit observer cette vieille sorcière en me jetant un regard méprisant. Hors de ma vue ! cria-t-elle. Je ne vous comprendrai jamais !

Effectivement, elle ne me comprenait pas : mes larmes étaient des larmes de joie !

L'après-midi, la nonne qui m'avait conduite à l'école vint me chercher. La révérende mère nous escorta jusqu'à la porte d'entrée.

— Nous vous verrons à votre retour le 28, fit-elle, deux jours après la Saint Stephen.

Mais je n'écoutais déjà plus, mon esprit tourné tout entier vers la maison. Dans la voiture qui descendait l'avenue, je regardai derrière moi ce bâtiment dont j'avais tant espéré sortir durant ces longs mois, et je fus saisie d'un frisson. La voiture tourna après le portail, puis s'engagea sur la route qui me ramenait chez moi.

3

Une larme pour Noël

Sous les escaliers
Ce sont de petits espaces sombres et froids.
Les yeux emplis de larmes
Je me cache dans ces recoins obscurs
À l'arrière des escaliers
Passant de l'un à l'autre
Pour échapper au monde au-dehors
Par lequel, si je m'y aventure,
Je serai affligée encore une fois.

Il faisait déjà nuit lorsque la voiture arriva devant la maison en ce froid après-midi d'hiver, égayée toutefois par les guirlandes qui illuminaient quelques habitations du quartier. J'étais enfin chez moi, en territoire familier. En dépit de mon ravissement, je me sentais nerveuse : mon père serait là et je savais ce dont il était capable. Toutefois, comme tous les enfants, j'étais pleine d'espoir.

La religieuse poussa le petit portillon et nous

avançâmes jusqu'au perron où ma mère m'attendait. Dans la lumière du porche, je vis son visage : elle pleurait. Je courus vers elle et elle me prit dans ses bras. C'était un tel bonheur après l'esseulement et la brutalité de l'école, que c'en était presque irréel. J'avais l'impression que des années s'étaient écoulées depuis que je l'avais vue, nos câlins remontaient à si loin ! Maman était la seule qui m'eût jamais apporté amour et affection, j'aurais voulu ne jamais plus quitter son étreinte. Mais je savais qu'*il* ferait en sorte que mon bonheur ne dure pas.

— Tu as beaucoup maigri, observa-t-elle.

Je resserrai mon étreinte.

— Je ne veux plus retourner là-bas ! Les sœurs sont méchantes et me font travailler tout le temps !

Maman prit mes mains dans les siennes et me regarda droit dans les yeux.

— Ne t'en fais pas, répondit-elle, tu n'y retourneras plus. J'ai besoin de toi, tu me manques. Ce n'était pas mon idée de t'envoyer là-bas, tu seras bien mieux à la maison.

Ivre de joie, je lui donnai un baiser sur la main.

Nous rentrâmes dans la maison, suivies par la nonne. Ma mère lui offrit une tasse de thé qu'elle déclina, précisant qu'elle ne pouvait rester. Aussi froide que ses congénères, elle n'avait pas une once de chaleur humaine, et à présent qu'elle s'était acquittée de sa tâche, il lui fallait prendre congé. Elle salua donc ma mère et m'adressa un « Soyez sage, jeune fille » en guise d'au revoir.

Mon « Au revoir, ma sœur » fut immédiatement suivi dans mon esprit d'un « Vieille bique ! », mais je me mordis la langue, trop impatiente de la voir partie. En regardant la voiture disparaître au coin de la rue, j'avais envie de sauter de joie, convaincue de ne plus jamais les revoir, la voiture et elle.

Pendant que nous étions encore seules dans l'entrée, je répétai à ma mère mon souhait de ne plus jamais repartir et qu'elle devait empêcher la nonne de venir me reprendre, ce dont elle m'assura.

Mon père était dans la cuisine, visiblement peu ravi de me retrouver, et ne fit aucun geste vers moi. Qu'y avait-il là de surprenant après tout ? Il était le même qu'avant : bourru, froid et inflexible. Et moi qui avais bêtement imaginé qu'il serait content de me voir ! Mais la joie d'être de retour et le sens du défi que j'avais développé par réflexe d'autoprotection contre les nonnes éclipsèrent sa réaction de mon esprit.

Il ne lui fallut cependant pas longtemps pour laisser entrevoir sa cruelle nature.

— As-tu appris quelque chose dans cet établissement ? demanda-t-il.

Assurément, sa question n'était pas motivée par son intérêt pour moi ou pour mon éducation, et il devait bien avoir une idée du genre de discipline qu'on y appliquait. Sa formule laissait entendre que j'étais une effrontée qui avait besoin d'apprendre l'obéissance, et j'avais l'impression que, quelle que soit ma réponse, il ferait en sorte que j'y retourne. J'étais perdante dans les deux cas.

C'est une situation que les enfants battus connaissent bien : l'esprit sournois des tortionnaires passe souvent par des voies détournées pour les piéger et les embrouiller. Non contents de les torturer physiquement, ils les persécutent aussi mentalement, faisant naître chez les victimes une méfiance à l'égard de chaque mot, de chaque phrase, de chaque intonation qu'elles apprennent à déchiffrer. Il ne suffit pas de surveiller ses arrières, c'est pire que cela : chaque question est insidieuse.

Tandis que je réfléchissais à la manière de répondre, des flashes me revinrent à l'esprit : les couloirs de l'école, les portes vertes en bois, le supplice des sols et des escaliers, le dortoir, la sangle en cuir dans la main de la révérende mère et le mouchoir blanc du prêtre.

— Non, et je n'y retournerai plus, répondis-je après un bref moment d'hésitation.

Mon père ne connaissait absolument rien de ma vie – sans doute préférait-il ne pas s'interroger à ce sujet. Il ignorait ce que j'avais subi aux mains des religieuses et du prêtre : la torture mentale et physique, les jours, les heures, les minutes interminables. Il était assis là, dans ses vêtements soigneusement repassés par ma courageuse mère, ses cheveux parfaitement gominés. Il se fichait bien de sa fille.

Il bougea sur sa chaise. Pensant qu'il allait se lever, je m'écartai imperceptiblement, guettant son regard, à l'affût des signes de colère habituels ; mais il n'y avait rien, juste une froide indifférence. Je n'en étais pas moins nerveuse pour autant, sa réponse se faisait attendre.

— C'est ce que nous verrons, fit-il enfin. Tu ne dois ta présence ici pour les fêtes qu'à ta mère. Sans elle, tu y serais encore. Et je te prierai de ne pas me répondre ! ajouta-t-il d'un ton brusque.

L'accueil était atroce, mais j'étais si contente que je préférai l'ignorer, ne prêtant pas à ses paroles l'attention qu'elles méritaient. Je ne devais en comprendre le sens que plus tard, la peur et l'angoisse au ventre.

Maman me régala de thé et de petits gâteaux qui, comparés au brouet infâme servi à l'école, me semblaient absolument divins. Sans paraître le moins du monde surpris de me voir, mes frères et sœurs continuaient d'aller et venir dans la maison comme si je n'étais jamais partie. Quand j'eus fini mon goûter, mon père se leva de sa chaise sans un mot et partit pour le pub, pour mon plus grand soulagement : j'allais pouvoir profiter de la seule compagnie de ma mère pendant quelques heures.

À peine eut-il passé la porte que ma mère me demanda de monter dans ma chambre arranger mes draps et mon oreiller. Une telle requête de sa part était surprenante, elle que je savais si ordonnée et qui gardait la maison toujours en ordre, en dépit de l'agitation continuelle qui y régnait. Mais j'avais pour habitude de l'écouter et montai aussitôt dans ma chambre.

Je faillis fondre en larmes en apercevant Lou qui m'attendait sagement à côté de l'oreiller, bordée sous les couvertures. Je me revis le jour de mon départ, trépignant d'impatience à l'idée de tout ce que j'aurais à lui raconter à mon retour de la plage, les images défilant déjà dans mon esprit : la mer, le soleil, le sable. Une journée qui, au lieu d'être la plus belle de ma jeune vie, s'était avérée la pire de mon existence. Tout cela n'avait été qu'une farce cruelle, et il n'y avait rien à raconter. Je serrai Lou contre mon cœur et lui murmurai à l'oreille : « Je n'ai rien à te raconter, Lou. Je devais aller au paradis, et à la place j'ai atterri en enfer. » Une larme roula sur ma joue que j'essuyai d'un revers de la manche : j'avais déjà suffisamment déçu Lou, je ne voulais pas l'accabler davantage. Je la reposai sur le lit en lui recommandant de ne pas s'en faire car, c'était sûr, je finirais par aller à la mer un jour et ce que j'aurais alors à lui raconter serait merveilleux.

Bien que mon oreiller fût parfaitement en place, je

décidai tout de même de l'arranger un peu. C'est alors que je découvris, glissés dessous, quatre bonbons joliment emballés. Je m'en emparai aussitôt et replaçai l'oreiller à sa place, puis je couchai Lou sous les couvertures après lui avoir donné un baiser, et dévalai les escaliers.

— Maman, maman ! criai-je en déboulant dans la cuisine. Regarde, j'ai trouvé quatre bonbons sous mon oreiller !

— Eh bien, en voilà une petite fille qui a de la chance ! Je parie que tu ne regrettes pas d'être allée arranger ton oreiller, j'ai tort ?

Sur ce, je serrai ma mère dans mes bras en lui répétant combien je l'aimais et que je ne voulais plus jamais la laisser.

C'était ce genre de petites attentions qui rendaient ma mère si précieuse à mes yeux. Le matin en hiver, elle mettait le four en marche pour notre seul plaisir : lorsqu'il était bien chaud, elle l'éteignait avant d'étendre un torchon à l'intérieur, sur lequel elle nous faisait poser les pieds. Assis à trois ou quatre sur un petit banc qu'elle installait devant, nous laissions la tiédeur nous envahir. Puis maman nous envoyait vite dans nos chambres enfiler nos chaussettes et nos chaussures pour faire durer le plaisir.

Souvent, quand elle me demandait d'aller chercher quelque chose dans le placard, j'y trouvais un biscuit caché à mon intention. Son abnégation était sans limites, et elle se serait privée plutôt que de nous laisser mourir de faim. La malveillance de mon père devait lui déchirer le cœur et sa mainmise sur l'argent et la nourriture du foyer contrarier sa nature généreuse.

Une fois mes bonbons engloutis, je l'aidai dans ses

corvées domestiques. Assises devant le fourneau, nous nous mîmes à chanter à l'unisson. Ma mère avait une voix magnifique. L'entendre chanter des ballades comme « *The Whistling Gipsy* », en l'accompagnant quand je connaissais les paroles, équivalait pour moi à ouvrir les pages d'un conte de fées. Chaque chanson était une histoire merveilleuse qui nous emportait loin de notre triste vie : elle donnait un avant-goût du bonheur dont nous profitions chaque seconde qui nous était offerte avant que le retour de mon père ne plonge à nouveau la maison et ses habitants dans les ténèbres.

Durant mon enfermement, j'avais souvent pensé aux chansons que m'avait apprises maman. Je chantais souvent pour elle, tenant ma brosse à cheveux devant ma bouche face à la glace, et ça la faisait toujours rire. Il n'y avait pas de miroirs à l'école, mais un jour que je prenais un bain, je m'aperçus qu'en m'agenouillant devant les robinets, je pouvais me voir dedans ; je pris alors l'habitude de chanter dans la baignoire. Les nonnes les plus gentilles ne disaient rien, mais il y en avait une particulièrement mauvaise qui jetait systématiquement une serviette sur les robinets pour couvrir mon reflet et me priver de ce rare moment de distraction.

En allant me coucher ce soir-là, maman s'étonna lorsque je laissai mon oreiller par terre. Je lui expliquai que nous n'avions pas d'oreillers à l'école et que je m'étais habituée à dormir sans. Je me rappelle encore mon bonheur de retrouver mon lit et ma propre chambre. Pourtant, dès le lendemain matin, je compris que rien n'avait changé à la maison. J'aidai maman à préparer le feu dans la cheminée puis, après le déjeuner, je sortis jouer au parc avec mes frères et sœurs qui étaient en vacances. Toute la journée, je fis la navette entre le parc et la maison, tandis que maman s'acquittait des dernières tâches avant le grand jour ; elle se donnait beaucoup de mal. En fin d'après-midi, nous sortîmes faire les courses et à notre retour, elle mit une dernière main aux préparatifs.

Mon père avait fait le marché tôt dans la matinée pour acheter le jambon et la dinde. La cuisine embaumait Noël grâce aux parfums mêlés du pudding, du jambon en train de mijoter dans sa grosse marmite en fer et de la dinde qui cuisait dans le four. Une fois les viandes cuites et refroidies, mon père, fidèle à son habitude, consigna toute la nourriture dans le salon et garda la clé sur lui.

Il ne restait plus qu'à nous charger des décorations. Le petit sapin posé dans un seau sur la table de l'entrée suffisait à me ravir de sa magie. Toutes les autres maisons de la rue avaient de grands et beaux sapins. Peu importait, le nôtre était le plus joli, j'en étais convaincue ! Il ne m'avait pas traversé l'esprit à l'époque que sa petitesse ait pu être le reflet de celle de mon père. Je brûlais d'envie de le décorer avec ma mère, mais mon père nous en empêcha et s'en chargea tout seul. Le chagrin qu'il causait ne le préoccupait guère, il fallait qu'il ait le contrôle sur tout. C'était un tyran qui prenait un malin plaisir à tourmenter sa femme et ses enfants de toutes les manières possibles.

Le fait que ce soit le réveillon ne l'empêcha pas non plus de partir au pub une fois le dîner terminé. Allongée dans mon lit, je sentis que quelque chose n'allait pas et descendis au rez-de-chaussée. Ma mère se tenait immobile devant la fenêtre ; alors que cette journée aurait dû être un jour de fête, la tristesse et l'angoisse se lisaient sur son visage.

— Pourquoi restes-tu là ? demandai-je, malheureuse de la voir ainsi.

— J'attends que ton père rentre.

Elle semblait si perdue, si seule que j'en avais les larmes aux yeux. Je me pressai contre elle et elle m'entoura de ses bras.

— Retourne vite te coucher, fit-elle en me donnant un baiser, ça va aller. Et quand tu te réveilleras, les cadeaux du Père Noël t'attendront au pied du sapin.

Je repartis me coucher mais sans trouver le sommeil pour autant, tourmentée par l'image de ma mère devant cette fenêtre en train d'attendre le retour de son ivrogne de mari, privée d'offrir ce que toute mère entend procurer à ses enfants. Elle était si belle, si aimante, si attentionnée, et pourtant si malheureuse. À cause de lui. Finalement, je m'endormis, la larme à l'œil. Plus grande, je découvris que ma mère attendait chaque année mon père pour qu'il dispose les cadeaux sous le sapin et que, lassée d'attendre, elle finissait toujours par s'en charger elle-même.

Le matin arriva, avec les cadeaux sous l'arbre. Comme mes sœurs, je reçus une jolie poupée, un livre d'histoires et quelques autres menus présents, et mes frères eurent des déguisements de cow-boys comprenant chapeaux, revolvers et porte-revolvers. Une fois les cadeaux déballés, nous nous rendîmes à la messe, puis nous fûmes autorisés à aller jouer dans le parc. Comme à chaque Noël, mon père, en rentrant de la messe, prit un solide petit déjeuner avant de retrouver des camarades de boisson au camp militaire de Baldonnell. Il fallait attendre son retour pour pouvoir enfin se mettre à table et dîner. Après le repas, il se servait encore quelques verres, puis repartait au camp terminer la soirée avec ses amis. Voilà donc à quoi ressemblait Noël chez nous : pas de jeux, ni de promenade en famille comme chez les gens normaux.

Son égoïsme gâchait les festivités, déjà bien fragiles chez nous ; il n'y en avait que pour lui-même, rien d'autre ne comptait que sa nourriture et sa boisson. J'ignorais ce qui l'avait rendu ainsi, si quelque chose lui était arrivé qui pût expliquer son égocentrisme et cette cruauté, non seulement envers nous, ses enfants, mais surtout envers ma mère qui méritait tellement mieux. Le moindre geste de sympathie pour elle m'aurait aidée à supporter son comportement, mais il se fichait de tout le monde. De tout le monde, sauf de lui.

La journée de la Saint Stephen, le 26, se déroula comme la veille : mon père se montra aussi absorbé par ses beuveries entre copains. Aussi inconsistante fût la vie à la maison, le bonheur d'être là avait malgré tout totalement éclipsé l'école de mon esprit ; j'avais retrouvé la liberté. Pourtant, sans prévenir, mon père annonça au milieu du dîner qu'à partir du lendemain la vie reprendrait son cours normal : Noël était officiellement terminé, nous étions priés de ne plus penser au Père Noël ou aux cadeaux.

— La sœur va venir te chercher, annonça-t-il en se tournant soudain vers moi, mais je ne veux pas de scène.

Je sentis un hurlement monter dans ma gorge. Au lieu de le laisser sortir, je répondis poliment que je n'en croyais rien.

— Pas vrai, maman ? fis-je en regardant ma protectrice pour demander confirmation.

— Oliver, s'il te plaît. La petite est très bien ici. Je ne veux pas qu'elle retourne là-bas.

— Elle ira où je lui dirai d'aller, rétorqua mon père. Mais peut-être veux-tu l'y rejoindre ?

Le pater familias, « le boss » comme on l'appelait, avait parlé. Fin de la discussion.

Je ne pus fermer l'œil de la nuit, rongée par l'inquiétude et les visions : la révérende mère en train de m'attendre armée de sa sangle de cuir, les seaux d'eau, mes genoux entaillés, les couloirs interminables, le réfectoire, le dortoir... Un univers de souffrance sans fin, et partout des sons de pas, *bang, bang, bang*, qui résonnaient dans ma tête, dans mon corps, dans tout mon être. Mon père pouvait dire ce qu'il voulait, il était hors de question que j'y retourne.

Au petit déjeuner, le jour suivant, je fus incapable d'avaler quoi que ce soit. Mon père ne disant rien, je crus d'abord qu'il avait oublié. Je ne faisais que me leurrer en essayant de nier l'inévitable. Lorsqu'il ouvrit enfin la bouche, je fus fixée : il ne voulait pas de moi chez lui.

Tant que je savais ma mère présente pour moi, je pouvais supporter la violence et les coups. Mais je n'avais personne à l'école, et en termes de barbarie la révérende mère pouvait sans peine égaler mon père. Tout plutôt que retourner là-bas.

Le lendemain, à l'heure du déjeuner, mon père entra dans la cuisine.

— Enfile ton manteau, on sort.

Je savais que je devais me méfier. Il m'avait déjà menti pour la mer et je n'étais jamais allée nulle part avec lui, excepté dans cette école de l'enfer. Je lui répondis que je ne mettrais pas mon manteau et que je ne bougerais pas.

— Tu fais ce que je te dis de faire, rugit-il en me fixant.

Mes jambes étaient cotonneuses et la tête me tournait. Ne sachant que faire, je montai dans ma chambre passer mon manteau, mais restai là un moment. Puis je regagnai la chambre de mes parents dont la fenêtre donnait sur le devant de la maison. J'observais les enfants qui jouaient en face dans le parc, quand j'aperçus une voiture s'engager dans notre rue et stopper devant notre portillon. Lorsque je vis la sœur en sortir, je compris les intentions de mon père. Je me précipitai dans les escaliers dans un tonnerre de sanglots et de hurlements :

— Je ne retournerai pas là-bas ! Cette sale garce ne me ramènera pas !

Ma mère se tenait dans l'entrée, en larmes.

— On ne parle pas d'une sainte femme comme ça ! hurla mon père, indifférent aux larmes de ma mère. Elle t'emmène, point final !

Il y avait dans la cuisine une soupente qui longeait le couloir de l'entrée et dans laquelle j'avais l'habitude de me cacher quand mon père en avait après moi. L'embrasure était si étroite qu'il fallait s'y glisser à quatre pattes puis continuer à plat ventre. Dès que mon père partit ouvrir à la sœur, je courus à la cuisine et me coulai dans le réduit.

Lorsqu'il constata mon absence, mon père se mit à fulminer, et la rage qu'il contenait depuis mon retour se déversa. La soupente fut le premier lieu qu'il inspecta, mais j'étais invisible, juchée contre la cloison sur deux grandes planches surélevées. « Où est-elle ? », l'entendis-je hurler.

Ma mère, qui connaissait parfaitement ma cachette, se précipita vers la soupente dès qu'il sortit à ma recherche dans le jardin, avec la nonne.

— Ne fais pas de bruit sinon il va te trouver, chuchota-t-elle.

J'entendis mon père rentrer et je descendis des planches pour m'asseoir, dos au mur, sur l'une des canalisations qui traversaient la soupente. Il y eut beaucoup de remue-ménage, puis soudain la voix de mon père : « Elle est forcément dans la soupente. » Et avant que j'aie le temps de réagir, il était à quatre pattes en train de me fixer.

— Si tu ne sors pas de là, tu vas recevoir la raclée de ta vie ! vociféra-t-il.

— Je m'en fiche ! répliquai-je en criant. Tu peux me taper, vas-y, c'est ce que tu fais toujours de toute façon !

Les souvenirs de la vie à la maison affluèrent soudain à ma mémoire : tous les détails horribles dont je savais qu'ils gâcheraient mon retour et que j'avais délibérément enfouis dans l'intérêt de ma mère et de nos fêtes en famille.

Il m'avait enfermée sans raison dans l'abri de jardin, une expérience suffisamment traumatisante en soi pour ne pas y ajouter la violence et les coups. J'entendais encore le bruit de ses pas s'approchant, le martèlement sec de ses bottes ferrées sur le dallage en ciment du jardin – chaque écho, un avant-goût des coups de pied et de poing à venir.

Après m'avoir fait sortir en me traînant par les cheveux, il m'avait passée à tabac. Je m'étais retenue tant bien que mal d'émettre le moindre son car ma douleur semblait le faire redoubler de violence, comme si elle attisait et embrasait sa fureur. Me contentant de serrer les dents et de fermer les yeux, je m'étais recroquevillée sur moi-même autant que possible pour lui compliquer la tâche. Mais ç'avait été peine perdue.

Les pointes en métal de ses bottes avaient lacéré ma chair à travers les vêtements et la violence des coups avait fait craquer mes os – au point que mon père, pourtant robuste, s'en était trouvé essoufflé. Quand la douleur était devenue trop insupportable, mes hurlements s'étaient intensifiés à chaque nouvel impact, et bien que rouler sur le côté ne fasse qu'empirer les choses, je n'avais pu m'en empêcher. Outre sa respiration haletante, j'avais entendu ses dents grincer et j'avais prié pour qu'elles se brisent et l'arrêtent enfin, mais jamais rien ne s'était passé et il avait continué de frapper.

Comme il repoussait toujours mes mains de mon visage, j'avais vu ses yeux luisants de rage et l'écume écœurante qui se formait sur ses lèvres tordues par la fureur. Souvent, je n'avais plus pu marcher pendant une semaine. D'autres fois, c'était avec sa ceinture qu'il m'avait frappée, et j'en étais ressortie les jambes tuméfiées et le corps couvert d'hématomes, ou bien il m'avait empoignée par les cheveux jusqu'à ce que des poignées entières lui restent dans les mains.

D'une certaine façon pourtant, la douleur physique m'avait semblé peu de chose comparée à celle que j'avais éprouvée à l'intérieur. Bien que j'eusse parfois été marquée au point de manquer l'école pour éviter toute question gênante, je savais par expérience que les traces physiques disparaissaient au bout d'une semaine ou deux. Les blessures de mon cœur et de mon âme, elles, ne s'étaient jamais effacées, ni la peur constante d'une nouvelle volée de coups ou d'une autre nuit à passer dans le froid et l'obscurité de la remise, seule et le ventre creux.

Finalement, que pouvait-il m'infliger de pire ? pensai-je soudain dans mon réduit, le corps encore tremblant. J'avais l'habitude des coups et des bleus, quelle différence une raclée de plus ferait-elle ? Toutefois, j'étais bien déterminée à ne pas sortir : mon père était trop grand pour passer l'embrasure, il ne parviendrait pas à me rejoindre. Je n'avais pu me faufiler moi-même que parce que j'étais particulièrement petite et menue pour mon âge.

Seulement, personne ne pouvait l'emporter sur mon père. Hurlant et tempêtant par l'embrasure, il essayait par tous les moyens de passer la main pour m'attraper :

— Je vais te faire sortir, moi, sale petite peste !

Subitement, je vis sa tête disparaître du trou. Quelques secondes s'écoulèrent et j'entendis un fracas assourdissant contre le mur : il essayait de perforer la cloison, armé d'un tisonnier.

— Tu vas le regretter, sale petit poison !

Tandis que les coups continuaient de s'abattre, je voyais le plâtre du mur s'effriter.

Il y avait une double épaisseur de placoplâtre mais à force de pilonner – pendant ce qui me sembla des heures – mon père parvint à éventrer la cloison puis arracha à la main ce qui restait.

— Maintenant tu sors de là ! Et ne me fais pas venir te chercher.

Je sortis du fond du réduit.

— Je ne retournerai pas là-bas ! Elles me battent et m'obligent à travailler ! hurlai-je, en larmes.

— Ça ne sera rien comparé à ce que tu vas recevoir si tu ne m'obéis pas tout de suite ! se contenta-t-il de répondre.

Je partis m'asseoir en sanglotant dans les escaliers.

Terrifiée par mon père, ma mère, si fragile et délicate, ne pouvait s'arrêter de pleurer et de trembler.

— Cesse de la harceler, Oliver, laisse-la rester ici. C'est une enfant, elle n'a rien fait de mal. Elle ne veut pas y retourner et moi j'ai envie qu'elle reste. C'est une enfant innocente, implora-t-elle.

— Elle fera ce que je lui dirai, rétorqua mon père d'un ton glacial.

Au bout d'un moment, la sœur réapparut. Je me souviens que nous avions des stores vénitiens jaunes dans l'entrée. Je me revois encore en train de m'y agripper de toutes mes forces. Mon père essaya de me faire lâcher prise mais je me cramponnai, versant toutes les larmes de mon corps.

— Si ces stores se décrochent, tu ne vas pas pleurer pour rien ! grogna-t-il à travers ses mâchoires serrées.

Voir sa fille dans un tel état ne le préoccupait pas tant que la résistance de ses vieux stores.

Où trouvai-je la force, je l'ignore, mais je refusai de lâcher, tenant bon malgré les stores qui me sciaient les paumes. Après ce qui me parut une éternité, mon père capitula.

— Revenez la chercher demain, fit-il à la nonne.

La religieuse partie, je lâchai enfin les stores, vidée d'avoir tant pleuré, les mains rouges et enflammées ; le sel des larmes dans ma bouche me donnait des haut-le-cœur.

Avec le départ de la nonne, je m'attendais à ce que mon père me traîne dehors pour m'administrer la pire correction de ma vie pour ma bravade. Il n'avait pas sitôt fermé la porte que je m'arc-boutai déjà en prévision de l'attaque. Il se contenta de me regarder en secouant la tête avec dégoût, puis il partit au pub. En fait, je le compris plus tard, il ne pouvait pas se permettre de me passer à tabac, car mes ecchymoses l'auraient trahi auprès des nonnes – non pas qu'une seule d'entre elles s'en serait souciée ou aurait essayé de m'aider. Profitant de l'absence de mon père, je suppliai ma mère à grand renfort de larmes de me laisser rester. Mais je savais au fond de moi qu'il n'y avait rien qu'elle pût faire pour infléchir sa volonté.

Épuisée par tout ce drame, je m'endormis très vite le soir. En me réveillant le lendemain, je me sentais si abattue et vidée que plus rien n'avait d'importance. Lorsqu'elle arriva à la maison en fin d'après-midi, la nonne avait dans les mains un magnifique pudding – de ceux que les grand-mères savent préparer –, rond et recouvert d'un glaçage blanc, décoré d'un Père Noël et de sapins miniatures plantés au centre ; il y avait aussi un renne sur le côté et de petites perles argentées sur tout le pourtour. Je n'avais jamais rien vu d'aussi joli.

— C'est pour toi, me dit-elle. Pour apporter à tes camarades.

Je regardai le gâteau d'un air émerveillé, mais j'avais le cœur brisé. Je ressentais comme un vide à l'intérieur, le néant. Abrutie par la peine et le chagrin, je ne pouvais que la fixer, sans rien dire.

— Tu es prête ?

J'étais incapable de parler, je n'en pouvais plus. Ils pouvaient bien faire ce qu'ils voulaient de moi, je n'avais plus l'énergie de me battre, aussi je montai dans la voiture. Ma mère, sur le perron, pleurait, tiraillée entre son amour pour moi et la crainte de sa brute de mari – mais ma souffrance l'emporta sur toute compassion pour elle.

En arrivant à l'école, la nonne m'ouvrit la portière et me remit le gâteau.

— Emporte-le à l'intérieur, pour toi et tes amies.

Il était si gros que je dus le prendre avec les deux mains. Le temps d'arriver à la porte, je tremblais tellement qu'il faillit m'échapper – j'étais de retour dans la maison des horreurs.

À l'intérieur, la révérende mère qui nous attendait m'ôta sur-le-champ le gâteau des mains, et je n'en revis plus la couleur. L'autre nonne se retira à son tour et tout redevint exactement comme avant : le pudding n'avait été qu'une ruse pour m'attirer jusque-là sans que je bronche. À compter de ce moment-là, les visites de ma famille furent encore plus espacées, et au Noël suivant, je ne fus pas autorisée à rentrer chez moi.

Ma seule consolation dans tout cela était mes retrouvailles avec Bridghie, Liz et les autres filles des cuisines, enchantées de me revoir. Toutefois elles ne parvinrent pas à soulager ma souffrance.

Les semaines et les mois passèrent. J'allais en classe de temps en temps, sinon je travaillais sans arrêt, moi une petite fille de seulement neuf ans. Nettoyer le bureau de la révérende mère devint mon activité préférée une fois que les filles m'eurent appris à crocheter la serrure de son grand secrétaire en bois à l'aide d'une vieille épingle à cheveux que je gardai ensuite toujours sur moi, dissimulée à l'intérieur de ma chaussure. Un jour, je volais d'épaisses craies blanches, un autre des élastiques, et parfois je tombais sur un gros paquet de bonbons à la menthe, mes préférés. J'en prenais juste trois – un pour moi, un pour Liz et un autre pour Bridghie – au cas où quelqu'un les aurait comptés. C'était le petit plaisir qui égayait notre journée, exacerbé par cette impression de pouvoir sur les nonnes dupées.

Une fois, je m'emparai d'une boîte de grosses punaises pour lesquelles j'avais des projets bien particuliers. À la messe le lendemain, durant les prières debout – qui comme d'habitude semblaient ne jamais finir –, je rampai sous les bancs jusqu'au premier rang et y alignai une poignée de clous. Ma mission accomplie, j'adressai un signe aux filles qui me firent immédiatement revenir à ma place en me tirant par les pieds. Lorsque la prière se termina et que les nonnes se rassirent, nous manquâmes pleurer de rire en les voyant bondir de leur siège en hurlant. L'incident me coûta une correction sévère, mais les cris de douleur des nonnes en valaient la peine.

J'appris que le seul moyen de survivre était de se relever et de continuer, alors je dansai sur les tables de la salle de vie chaque fois que j'en avais l'occasion, en chantant à tue-tête. Personne ne m'en aurait empêchée. Je n'allais plus comme avant m'asseoir dans les escaliers en pleurant : le temps des larmes était révolu, j'avais décidé de leur empoisonner la vie.

« Il va falloir te blinder », m'avait conseillé Bridghie, et c'était désormais mon intention. « Il ne faut pas leur laisser le dessus. Ne pleure jamais, même si elles te donnent de la ceinture, laisse-les te frapper autant qu'elles veulent. Ça les rendra folles. Et crois-moi, c'est le pied », affirmait-elle.

Mon monstre de père frappait plus fort quand je pleurais, mais les nonnes prenaient les pleurs comme un signe que la punition fonctionnait et finissaient – jamais assez tôt, toutefois – par se calmer. Cependant, j'étais dans une phase rebelle, et plus l'on me punissait, plus je dansais et chantais. « Tu vas le regretter, cette fois-ci », répétaient sans cesse les religieuses, au comble du découragement.

Il n'y avait qu'une chose que je n'arrivais toujours pas à surmonter : les abus du prêtre. Celui-ci avait repris ses agissements répugnants dès mon retour des fêtes de Noël, et cela n'avait fait qu'empirer, jusqu'au jour où, après m'avoir suivie de la sacristie au dortoir, il s'introduisit en moi comme le garçon la veille de ma communion. La douleur fut encore pire que la première fois, et lorsqu'il s'essuya avec son mouchoir blanc dégoûtant, je vis des traces de sang. Il me viola à deux autres reprises dans le bureau de la révérende mère où il m'avait enfermée. J'étais terrifiée au point que, dès que j'avais un mauvais pressentiment, je m'empressais de retirer et de cacher la médaille de la Sainte Vierge que nous portions autour du cou comme partie de notre uniforme – j'avais peur qu'elle me juge à cause des saletés du prêtre. J'avais même dû la dissimuler dans les toilettes un jour où je n'avais pas eu le temps de remonter la mettre à l'abri dans le dortoir.

Je finis par annoncer à Liz mon intention de le dénoncer à la révérende mère pour que notre supplice prenne fin.

— Si tu fais ça, tu feras pas long feu ici, répondit-elle. Où crois-tu que les autres filles qui ont quitté l'école sont allées ?

— Chez elles, quelle question ! répondis-je.

— Qui t'a dit ça ?

— Les nonnes.

— Quelle sotte tu fais ! On les a toutes envoyées chez les cinglés. Voilà ce qui t'attend si tu parles de ce qui se passe ici. On t'enfermera avec les barjos.

Mais je voulais tellement que cet homme cesse de me faire du mal que je décidai malgré tout d'aller la voir. Je me rendis à son bureau et lui révélai que le prêtre me faisait « des choses ». Elle me demanda quelles choses, et je répondis que c'était des « choses horribles » et qu'il « mettait sa main dans ma culotte ». Mais au lieu de manifester de la sollicitude ou de m'offrir son aide, la mère supérieure s'écria que je méritais que l'on me nettoie la bouche au savon et que j'irai brûler en enfer, puis elle me congédia en m'interdisant de mentionner à nouveau « ce genre de choses ».

Je fis part de ma démarche à Liz, qui m'avoua être allée elle aussi trouver la révérende mère et avoir reçu la même réponse.

La semaine qui suivit, je fus emmenée à l'hôpital de la région. On me conduisit dans une salle où un médecin m'attendait pour discuter, pendant que la nonne qui m'avait accompagnée patientait à l'extérieur. Il avait l'air très gentil, aussi je lui parlai longuement de ce qui m'était arrivé, persuadée qu'il m'aiderait. Il avait sur la table devant lui un bloc-notes sur lequel il reportait tout ce que je lui disais : le prêtre qui me touchait et me violentait, les nonnes qui me battaient. Il me demanda si j'avais mis quelqu'un au courant de ce qui se passait : je répondis que j'avais tenté d'alerter la révérende mère et lui rapportai sa réponse.

Le médecin me demanda ensuite si j'en avais parlé à quelqu'un d'autre et je répondis : « Oui, à mon amie Liz. »

Il me demanda quelle avait été sa réaction, et je répondis qu'elle m'avait prévenue que l'on m'enverrait à l'asile.

Finalement, il s'appuya contre le dossier de sa chaise.

— Bien, nous allons régler cette histoire, conclut-il. Va attendre dehors.

Je partis m'asseoir dans le couloir tandis que la nonne entrait dans la pièce à ma place. J'étais intimement convaincue que ce gentil médecin allait me sauver et que je ne remettrais plus jamais les pieds à l'école. Et comme l'hôpital n'était pas trop loin de chez moi, j'imaginais déjà l'expression de ma mère quand elle me trouverait devant la porte, de retour pour de bon.

La nonne mit longtemps avant de réapparaître, le visage fulminant de colère. *Ça t'apprendra*, me dis-je, mais je fus brusquement ramenée à la réalité lorsqu'elle me saisit par le bras et me traîna jusqu'à la voiture. Pas un mot ne sortit de sa bouche durant le trajet du retour. Quant à moi, le choc de cette nouvelle trahison m'avait laissée sans voix.

Quand j'appris à Liz ce qui venait de m'arriver, sa première réaction fut : « Tu vas pas t'éterniser ici longtemps. »

Je lui racontai ensuite mon soulagement d'avoir pu parler au médecin, et elle ajouta : « T'as encore beaucoup à apprendre. » Car Liz savait, elle était bien plus âgée et expérimentée que moi.

Le jour suivant, je ne vis Liz ni dans la cour ni à la messe, et lorsque je demandai après elle, je me vis répondre : « Cela ne vous regarde pas, mademoiselle. » Je m'enquis alors de son retour et on m'informa qu'elle était rentrée chez elle pour aider sa mère, « et voilà tout ». J'avais le cœur gros. Mon amie avait retrouvé les siens, et je restais seule.

Une semaine plus tard, je fus une nouvelle fois convoquée.

— Tu repars chez toi. Sois prête dans une heure quand on viendra te chercher.

J'étais si euphorique que je courus sur-le-champ annoncer la bonne nouvelle à mes camarades. Mais au lieu de se réjouir pour moi, elles me lancèrent d'un rire moqueur : « Dis plutôt que tu pars à l'asile ! »

Les paroles de Liz me revinrent à l'esprit, et soudain j'eus terriblement peur : peut-être que je ne rentrais pas, après tout. Sombrant dans l'hystérie, je hurlai que je ne voulais pas aller chez les fous ni être enfermée dans une cellule. Une fois là-bas, m'avait-on dit, on n'en ressortait plus jamais.

Je me rappelle avoir franchi la porte de l'école et m'être retrouvée dehors sans vraiment savoir où j'étais. La réalité semblait comme brouillée par la panique et l'effroi. Je ne me souviens pas du trajet vers l'institution ; seulement, à l'arrivée, des grandes portes se refermant lourdement derrière moi. J'avais dix ans et, parce que j'avais osé dire la vérité sur les sévices que j'endurais de la part d'un supposé saint homme, je me retrouvais prise au piège dans un hôpital psychiatrique.

4

La vie à l'hôpital psychiatrique

Seule
Ils ont déchiré mon cœur
Pris tout ce que j'avais
Remplacé les rires par les larmes
Détruit mes rêves et mes espoirs
Insinué en moi la rancœur et la haine.
Nous étions soi-disant des numéros
Et si l'on parlait, le diable saurait venir nous chercher
Voilà ce qu'on nous disait.
Dans cette vaste salle
Je me sentais cernée
Piégée dans la toile de l'horreur
Reliée aux machines
Je suis impuissante.
Je vois ces gens autour de moi
Et eux, peuvent-ils me voir ?
Une petite voix crie à l'intérieur
Tu n'es qu'un autre enfant-numéro
Ils se fichent bien de toi

Mon petit corps tremble et frissonne
Mais personne ne le remarque
À onze ans, je ne suis pourtant qu'une enfant comme les autres
Pourquoi moi ?

Bien que radicalement différent de l'école, l'hôpital n'en était pas moins lugubre. Il se composait d'un bâtiment principal entouré de plusieurs annexes indépendantes en forme de longues barres sans étage, au béton couleur blanc sale. À l'intérieur, ce n'était qu'un dédale de couloirs jaune terne flanqués de salles et fermés au bout par une dernière.

La seule architecture des bâtiments me rendit immédiatement nerveuse. Ma vie à l'école m'avait fait développer une phobie des couloirs, devenus pour moi synonymes de danger : ils semblaient toujours conduire à des pièces où je finissais battue ou abusée, comme la première fois où le prêtre m'avait violée et que j'avais tenté de m'échapper – pour finir piégée dans les chambres.

Tandis que je suivais l'infirmière le long d'un de ces horribles corridors en direction de l'unité pédiatrique, cramponnée au sac en plastique contenant mes affaires et ma poupée, je regardai atterrée des vieillards en train de hurler et de se frapper la tête contre les murs tandis que d'autres, impassibles, marmonnaient dans leur barbe, les yeux perdus dans le vague. La plupart erraient, apparemment sans surveillance. Certains m'interpellèrent et tentèrent de s'agripper à moi à mon passage. Je me rapprochai de l'infirmière, qui ne tenta même pas de me rassurer. *Ces gens doivent être les « barjos » dont on m'a parlé à l'école*, pensai-je, saisie de terreur à l'idée d'être enfermée avec eux.

Avant d'arriver – où, je n'en savais encore rien – j'eus l'immense surprise de croiser mon amie Liz, et de constater que les religieuses m'avaient menti : Liz n'était en fait jamais rentrée chez elle aider sa mère, elle était dans cet asile depuis sa disparition de l'école. Nous n'eûmes pas l'occasion d'échanger le moindre mot car l'infirmière me pressa d'avancer, mais j'étais transportée de joie de me savoir au moins une amie dans ces lieux.

Parvenues au poste des infirmières, mon accompagnatrice tendit des papiers à une collègue assise derrière un grand bureau foncé, et on me demanda de patienter sur la chaise dans le coin. J'attendis un long moment, puis finalement l'une des deux infirmières se leva et partit. Quand la deuxième eut terminé d'écrire sur son bloc-notes, elle m'accompagna *via* un nouveau couloir jusqu'à un petit dortoir de six lits, plus avenant que celui de l'école.

Une fois mes quelques habits rangés dans l'armoire à côté du lit, l'infirmière me conduisit à la salle de jeux. Lorsqu'elle ouvrit la porte, un bruit assourdissant s'en échappa. Je fus frappée par la vue de tous ces enfants qui hurlaient et criaient telles des bêtes. Plus dérangeant encore étaient ceux qui fixaient les murs d'un air absent ou qui, assis par terre, se balançaient lentement sur eux-mêmes. Certains émettaient des sons étranges, d'autres essayaient de parler mais semblaient incapables d'articuler normalement. Je ne savais comment prendre ce spectacle qui s'offrait à mes yeux, et ce fut un soulagement immense lorsque j'aperçus tout à coup certaines des filles qui avaient disparu de l'école, dont Liz.

— Je croyais que vous étiez toutes rentrées chez vous ! m'écriai-je.

Mary se mit à rire.

— Quelle imbécile ! Est-ce que je t'ai pas dit que les filles qui dénonçaient le prêtre, on les envoyait à l'asile ?

— Si. Mais pourquoi tu es là, toi ?

— Soi-disant que je suis dérangée et que j'ai besoin d'être soignée, répondit-elle. Qu'une jeune fille comme moi ne devrait pas parler de ça ! Quand on t'envoie ici, c'est que tu as dit des choses que t'étais pas censée dire. D'après eux, pour inventer des trucs pareils, c'est qu'on est des folles et des filles du démon, des pécheresses.

Je bouillais de colère : nous étions punies pour avoir osé protester, nous, les jeunes filles contre qui ce prêtre dégoûtant et répugnant avait péché et qui avait eu le culot de nous sermonner depuis l'autel sur les dangers des pensées et des actions impures. Et tandis que nous étions là, lui continuait ses pratiques honteuses avec d'autres qui, si elles venaient à se plaindre, finiraient comme nous à l'hôpital psychiatrique.

— Ce sont toutes des malades ces bonnes sœurs, et des vicieuses, fit Liz avant de poursuivre. Si tu trouvais ça dur à l'école, tu vas voir que c'est pas mieux ici, voire pire.

Je tressaillis à la seule pensée d'un endroit pire que celui que je venais de quitter.

Je les questionnai ensuite sur les drôles d'enfants qui nous entouraient. Elles n'en savaient pas plus que moi à leur sujet.

— Ils ont dû s'échapper de l'usine à mabouls, répondit l'une d'entre elles.

Ce ne fut que des années plus tard que j'appris que ces enfants n'étaient pas fous mais souffraient simplement de difficultés d'apprentissage, d'autisme ou d'hyperactivité. Certains étaient même parfaitement normaux, comme moi ou Liz ou les autres filles. La majorité d'entre eux provenaient de contextes familiaux difficiles, étaient victimes de violence ou de négligence, et deux ou trois avaient été pris en train de voler des bonbons dans une épicerie.

Une petite fille se trouvait là parce qu'un jour où elle faisait les courses avec sa mère, elle avait ramassé et jeté un caillou qui avait brisé la vitrine d'une boutique. Comment pouvait-on interner une enfant pour si peu ? Par la suite, je me liai d'amitié avec une certaine Ann, internée pour une dépression – dont l'origine, me confia-t-elle, était les abus sexuels que son père leur faisait subir, à elle et sa sœur, depuis des années. Comment concevoir que tant d'enfants parfaitement sains d'esprit aient pu être envoyés à l'asile ?

Très vite, je pris le pli de la vie à l'hôpital. Nous avions classe tous les matins mais je n'en retirai rien, une fois de plus. Notre maîtresse – une femme peu épanouie qui manifestement détestait son travail et n'avait cure de ses élèves – était trop occupée à nous traiter d'ignorants, et se montrait incapable de faire régner l'ordre dans sa classe. C'était la foire, les plus turbulents étant sans cesse à brailler, à s'égosiller ou à chahuter, et ce brouhaha m'indisposait.

Hormis cela, la vie à l'hôpital n'était pas si mal. Nous bénéficiions d'une certaine liberté. Surtout, je n'avais pas à récurer ou frotter les sols. Il n'y avait pas non plus de ceinture et, en prime, aucune sœur à l'horizon. Malgré les avertissements des autres filles, je trouvais l'ensemble plutôt chouette – au début seulement, car j'allais vite comprendre l'erreur que j'avais faite en pensant que mon existence misérable était derrière moi.

Tous les jeudis soir vers 20 heures, l'ensemble des patients de l'hôpital, jeunes et anciens, étaient réunis dans la grande salle de concert, un endroit abominable qui n'avait d'attirant que le nom. J'y retrouvais les individus croisés le jour de mon arrivée, qui passaient leur temps à errer dans la pièce, plongés dans leurs monologues, une cigarette à la bouche. La terreur des premières semaines surmontée, j'avais fini par m'habituer à eux. Beaucoup des femmes étaient d'anciennes Madeleines qui avaient travaillé dans les laveries dès leur plus jeune âge, bourrant des machines de draps du matin jusqu'au soir, certaines durant trente ou quarante ans – pour, vieilles et usées, finir internées. Elles étaient d'ailleurs souvent maltraitées par les aides-soignants de l'hôpital.

Nous passions la soirée à écouter la radio, interrompus parfois par la visite de civils. Nous les avions surnommés « les culs bénis » car ils nous sermonnaient sur Dieu, alors que leurs visites cachaient en réalité un motif sinistre : un homme venait et choisissait une fille pour, soi-disant, l'emmener passer la journée à l'extérieur – simple prétexte pour la violer dans sa voiture ou chez lui. Cela m'arriva plusieurs fois, ainsi qu'aux autres, mais nous n'avions pas la possibilité de refuser, il fallait les accompagner : aller se plaindre ne servait à rien, je l'avais appris à mes dépens.

Les civils n'étaient pas les seuls à nous abuser, certains membres du personnel le faisaient également. Ils avaient pour habitude de se glisser la nuit dans le dortoir pour nous tripoter sous les draps. Un jour que j'étais allée récupérer quelque chose dans ma chambre, un infirmier entra derrière moi. Prétextant vouloir m'examiner – j'étais à l'époque traitée pour des rougeurs sur les bras et les jambes –, il me demanda de me déshabiller entièrement, « pour mieux voir », dit-il. J'avais commencé à relever mes manches mais, comme je refusais d'aller plus loin, il se jeta sur moi pour tenter de m'arracher mon pull. Consciente de ses intentions – il m'avait déjà touchée dans la salle de concert – je me mis à crier.

Il m'ordonna de la boucler. Je parvins à me dégager et sautai sur mon lit sans cesser de hurler. Il venait de me saisir par le bras quand l'infirmière en chef, alertée par ce tapage, passa la porte en demandant ce qui se passait et pourquoi je criais.

— Je voulais simplement examiner les rougeurs sur ses bras, argua l'infirmier.

— Il voulait que je retire mes vêtements et j'ai refusé ! protestai-je, des sanglots dans la voix.

— Je lui ai seulement demandé d'enlever son pull ! Elle a dû mal comprendre, et du coup elle s'est mise à hurler.

— Il essayait de m'arracher mes vêtements, je le jure !

— C'est bon, j'abandonne, fit-il tout à coup, puis il sortit.

L'infirmière en chef, qui devait se douter de ce qui s'était passé, me conseilla de garder mes distances.

— Les gens que l'on rencontre dans la vie ne sont pas tous dignes de confiance, Kathy, me fit-elle observer.

Comme si ce n'était pas la première chose que la vie m'avait apprise !

C'est dans cette même salle de concert que je fumai

pour la première fois, grâce à un des vieillards qui m'offrit une bouffée de sa pipe. Le goût m'écœura tant que j'en eus des haut-le-cœur, et il me fallut courir aux toilettes pour vomir. N'importe qui aurait été dégoûté à vie du tabac ; je me mis au contraire à guetter la moindre occasion de taxer quelques cigarettes aux vieux pensionnaires – pour imiter les autres filles, mais plus que tout pour tromper l'ennui.

Deux mois après mon arrivée, j'étais à table en train de dîner lorsqu'une infirmière posa devant moi un petit gobelet en plastique.

— Avale ça, ordonna-t-elle.

— C'est quoi ? demandai-je.

— Ça te fera du bien. Allez, bois !

Je portai le gobelet à mes lèvres. L'épais sirop qu'il contenait était infect, mais l'infirmière me força à tout avaler et je manquai vomir. Le goût me resta ensuite dans la bouche durant plusieurs heures.

Au bout d'un moment, je sentis une torpeur m'envahir et mes yeux se fermer tout seuls. Dès lors, cela devint mon état permanent. On me donnait un gobelet de Largactil – j'avais appris le nom par une infirmière – matin, midi et soir au cours des repas. J'étais vaseuse toute la journée : je dormais en classe, pendant la récréation, et j'arpentais les couloirs dans le même état d'abrutissement que les autres patients. Tout fonctionnait au ralenti dans mon cerveau et mon corps me semblait lourd et pesant ; je marchais comme une petite vieille. Les gestes ordinaires, comme soulever une tasse de thé, monter dans mon lit ou aller aux toilettes, devinrent des épreuves. Parfois il fallait même me nourrir car je n'arrivais plus à porter la cuillère à ma bouche. Tel un zombie, j'errais du matin au soir, traînant le pas comme les petits vieux du centre, au lieu de gambader avec toute la vitalité des enfants de mon âge – un triste état pour une fillette de dix ans.

En faisant des recherches sur le Largactil, j'ai récemment découvert que ce médicament est communément indiqué dans le traitement de diverses maladies mentales, y compris la schizophrénie et les états maniaques. Comme je ne souffrais d'aucun de ces maux, j'en suis arrivée à la conclusion qu'on m'utilisait comme cobaye.

Au bout de cinq mois, j'avalais le sirop comme du petit-lait, mais mon corps avait dû s'accoutumer au produit car l'effet de somnolence avait disparu. Retrouver l'énergie dont cet état crépusculaire m'avait privée me faisait un bien fou et dès que je me sentis mieux, je pris l'habitude de prendre – littéralement – la clé des champs : à la moindre occasion, je m'échappais par la fenêtre de la salle de jeux avec deux autres camarades. Une infirmière finissait toujours par remarquer notre absence et par nous ramener à l'intérieur, sans trop de conséquences, jusqu'au jour où les véritables représailles débutèrent. Liz ne s'était pas trompée : l'hôpital était bien pire que l'école.

Notre punition consista en une consignation au lit de deux jours, sous surveillance vingt-quatre heures sur vingt-quatre. D'abord suspendus, les gobelets de Largactil furent très vite remplacés par des injections, beaucoup plus efficaces. Quand la punition fut enfin levée, je n'étais pas en classe depuis cinq minutes qu'une infirmière vint me chercher : la psychiatre de l'unité pédiatrique désirait me voir.

J'étais à nouveau consignée, m'annonça-t-elle. Fondant en larmes, je lâchai un « non ! » retentissant et sortis en trombe du bureau pour retrouver mes camarades de classe, aussitôt rejointe par deux infirmières qui me traînèrent hors de la salle, hurlant et me débattant. Les autres enfants observaient sans broncher. Malgré mon état, je pouvais lire la peur dans leurs yeux.

Je fus emmenée au poste des infirmières où je reçus une injection. Je passai les trois jours qui suivirent au lit, et chaque fois que j'ouvrais les yeux, j'en recevais une nouvelle. Puis un jour, une infirmière me demanda de l'accompagner pour passer un examen. Je fus conduite au fond d'un couloir où je dus patienter en compagnie de patients de tous âges qui attendaient comme moi. Il y avait un va-et-vient constant, certains patients entraient dans la pièce en marchant tandis que d'autres, hurlant, y étaient introduits sanglés à des chariots au niveau de la poitrine et des genoux, ou traînés par des infirmiers. Tous en ressortaient allongés sur un brancard, avec l'air d'un zombie. À la vue d'un tel spectacle, mon corps tout entier se mit à trembler car j'avais la certitude qu'il se passait derrière cette porte des choses épouvantables.

J'avais si peur de ce qui allait m'arriver que je me fis pipi dessus. L'urine chaude s'écoula le long de mes jambes, formant une petite flaque à mes pieds. J'étais mortifiée, mais l'infirmière ignora l'incident et m'enjoignit de ne pas m'inquiéter, ce n'était qu'un simple examen. Lorsque mon tour arriva, on me fit allonger sur un chariot. Au-dessus de ma tête se trouvait un tas de câbles, ainsi qu'un gros médecin au crâne dégarni, blouse blanche et lunettes, qui m'introduisit un épais morceau de caoutchouc noir dans la bouche.

— Ce serait dommage que tu t'abîmes les dents, n'est-ce pas ?

Il plaça sur ma tête un arceau dont les extrémités se

terminaient de chaque côté par deux disques de métal au niveau des tempes, puis il me demanda de compter jusqu'à dix pendant qu'il me piquait le dos de la main – j'en étais à cinq lorsque je perdis connaissance. À mon réveil, j'étais dans mon lit, une infirmière à mes côtés. Je ne me souvenais de rien.

— Alors, je ne t'avais pas dit que ce n'était qu'un simple examen et que tu n'avais pas à t'inquiéter ? sourit-elle.

Et je la crus. Je n'avais aucune idée de ce que l'on m'avait fait jusqu'à ce que j'entende les filles parler des traitements par électrochocs dispensés dans la fameuse salle.

Je passai les deux jours suivants alitée, vidée et groggy. Lorsque je pus enfin quitter le lit, on continua de me donner des gobelets de « jus d'orange », comme ils disaient – qui n'était autre que du Largactil.

Je me pris de sympathie pour une fille plus âgée dont la famille ne vivait pas loin de chez moi. Des années de médication avaient fini par l'immuniser contre le traitement, si bien que nous trouvions amusant de lui passer tous nos gobelets de Largactil au cours des repas pour qu'elle les boive à notre place. Jusqu'au jour où un infirmier découvrit la supercherie et nous dénonça au psychiatre.

Nous fûmes renvoyées trois jours au lit avec injections en prime, une punition qui signa mon retour à cet état second où tout fonctionnait au ralenti. J'étais une fillette que l'on transformait en vieille grabataire, qui avait besoin d'aide pour se rendre aux toilettes, somnolait constamment et se réveillait parfois en sursaut, complètement désorientée et se demandant où elle était.

À la suite de cette période d'alitement, je fis la

connaissance de Laura, une très sympathique jeune fille de quatorze ans, qui souffrait d'un défaut de prononciation. La difficulté qu'elle avait à se faire comprendre provoquait chez elle une agitation extrême. C'était le seul motif, à mon avis, de sa présence au centre.

Il y avait derrière l'unité pédiatrique des hectares de terrain où quatre membres du personnel médical – deux hommes et deux femmes – nous emmenaient jouer deux fois par semaine. J'avais entendu dire par une pensionnaire qu'un infirmier du centre profitait de ces sorties pour traiter les enfants comme des animaux, au sens propre. J'avais cru qu'elle cherchait simplement à m'effrayer. Jusqu'au jour où l'infirmier en question nous accompagna.

Laura avait du mal à suivre notre allure, et il commença par lui crier : « Grouille-toi ! T'es débile ou quoi ? » avant d'aller la rejoindre à l'arrière, énervé qu'elle ne nous rattrape pas. C'est alors qu'il ôta sa ceinture de pantalon, ligota les poignets de Laura et se mit à la traîner par terre comme un chien. Il la traîna tout le long du chemin à travers les herbes, jusqu'à notre point d'arrivée en haut de la colline. Là, il récupéra sa ceinture, laissant Laura étendue au sol. La malheureuse, en larmes, finit par se relever et, tremblant de tous ses membres, demanda la permission d'aller aux toilettes.

— Évidemment, il faut toujours que tu attendes de sortir pour avoir envie ! vociféra-t-il, puis il se mit à la rouer de coups à l'estomac jusqu'à ce que la pauvre mouille sa culotte.

Comme à l'aller, il traîna Laura sur tout le chemin du retour, la laissant couverte de bleus et d'éraflures à notre arrivée au centre, dans l'indifférence totale du personnel médical. La plupart savaient pourtant ce qui se passait mais, comme nous, avaient peur de cette brute. La pauvre Laura avait la vie dure avec lui, et c'était le même calvaire à chacune de nos sorties.

La situation de Laura me rappelait mes premiers jours à l'école religieuse : j'ignorais pourquoi, mais tous ces sadiques semblaient avoir pour particularité de s'en prendre aux plus vulnérables d'entre nous, comme si notre peur et notre fragilité déclenchaient en eux l'envie irrépressible de nous écraser et de nous humilier. Cette menace constante sur votre vie vous mettait les nerfs à cran et vous laissait dans un état de fébrilité permanent : vous vous attendiez toujours au pire, lequel ne manquait jamais d'arriver.

Laura tomba très malade, et je lui rendis visite tous les jours pour lui tenir compagnie. Elle avait le teint blême et les traits tirés et creusés, comme si les abus et la destruction mentale avaient finalement eu raison de son corps – et sans doute ne connaissais-je pas la moitié de ce qu'elle subissait.

Puis, le jour arriva où je trouvai son lit vide. Laura n'était plus là. On m'apprit qu'elle était morte. Jamais je ne sus comment cela était arrivé. Je demeurai inconsolable des semaines durant. À mes questions répétées, on me répondait de l'oublier. Je n'ai jamais pu. Je me souviendrai toujours des visites mensuelles de son frère et de sa mère ; elle, aussi belle que l'était sa fille, et lui, une jolie tête coiffée de boucles noires. Je repense souvent à Laura, à tout ce qu'elle a souffert, et au fait que personne au centre ne leva le petit doigt pour l'aider.

Après Laura, ce fut mon tour de tomber malade. J'avais toujours eu les intestins fragiles, mais je souffrais à présent de crampes d'estomac ponctuelles, doublées de fièvre et de vomissements. Malgré plusieurs examens, personne ne semblait pouvoir identifier la raison de ces crises, et les médicaments restaient inefficaces ; déjà maigrichonne, je perdis encore plus de poids. Il s'avéra par la suite que c'était un mal dont je devais souffrir toute ma vie.

À en juger par la réaction de ma mère lorsque les visites me furent de nouveau autorisées, je devais être bien malade en effet. Mon père, naturellement, ne marqua aucun intérêt pour ma santé, mais quand maman vit arriver sa fillette, si frêle et complètement droguée, elle fut bouleversée.

— Qu'a-t-on fait à ma si jolie petite fille ? s'écria-t-elle en pleurs.

Je voyais bien son désarroi, mais mon esprit errait dans une autre dimension, loin.

— Ne t'inquiète pas, maman, je vais bien, tentai-je malgré tout de la rassurer, mais je mangeai la moitié des mots, ce qui ne fit que l'affoler davantage.

Au bout d'un an au centre, on m'accorda enfin des week-ends en famille de temps à autre. Pour mon premier retour, j'étais enchantée de retrouver les miens. Seulement mes frères et sœurs refusèrent de jouer avec moi : j'étais folle, il ne fallait pas m'approcher, les avait avertis mon père. Quand ils me virent arriver, ils se mirent à se moquer et à me lancer des insultes, avec la cruauté dont les enfants sont capables. Maman me conseilla de les ignorer, mais j'étais blessée et je commençais à me demander sérieusement si le véritable problème ne venait pas de moi.

Ayant atteint ma onzième année, il était temps pour moi de faire ma confirmation. Un week-end où j'étais à la maison, la petite voisine d'en face m'aida à apprendre mon catéchisme ; je l'entends encore me comparer à un petit perroquet devant ma facilité à tout retenir par cœur. Je conserve une photo du jour de la cérémonie, mais je n'aime pas les souvenirs qui s'y rattachent : mes beaux cheveux coupés au centre quelques jours plus tôt, et la rossée de mon père juste après la messe. Je m'étais enfuie dès la fin de l'office pour ne pas qu'on me ramène à l'hôpital, mais en essayant d'escalader la clôture d'un champ près de la maison, j'avais atterri dans un tas de fumier, souillant la magnifique aube que maman m'avait achetée. Furieux, mon père m'avait flanqué une raclée.

Mon frère m'a reparlé récemment du premier Noël que j'avais passé à la maison depuis mon internement à l'hôpital. Comme à l'école religieuse, on m'avait accordé un week-end de liberté pour les fêtes, avec retour en enfer prévu à la fin des deux jours. Il m'a dit combien il avait été choqué de voir le psychiatre et l'infirmière venus me chercher me brutaliser et essayer de m'emmener de force. Ses paroles firent aussitôt ressurgir la scène devant mes yeux : je me revis en train de me cramponner à la rampe d'escalier, eux s'acharnant sur mes mains pour me faire lâcher. J'ignore pourquoi, mais le rouge et noir de notre lino de l'époque ressort particulièrement dans mon souvenir.

Les jours qui suivirent mon retour au centre, j'étais très irritable et réclamais souvent ma maman. Comme toujours dans ces cas-là, leur solution pour vous faire taire consistait à augmenter les doses de médicaments et d'électrochocs. Je me rappelle un jour, dans la salle de jeux, où ma frustration était telle que, poussée par la rage, je m'étendis par terre et donnai de grands coups de pied dans la porte, avec une force insoupçonnable chez une fillette de onze ans au corps décharné. Là encore, plutôt que de s'inquiéter de ce qui me contrariait, on m'emmena à la salle des électrochocs. Je n'étais rien pour eux, juste une enfant qu'il fallait faire taire par tous les moyens ; j'avais le cœur meurtri mais je ne recevais en retour que punition. Je n'étais que souffrance.

Je continuai de recevoir mes doses journalières de Largactil, si bien que lorsque l'été arriva, mon corps intoxiqué par des mois de traitement ne supporta pas les rayons du soleil : je fus sévèrement brûlée lors d'une de nos sorties dans le champ. Je pouvais à peine marcher tant mes jambes et mes bras étaient douloureux, et j'avais les yeux et les lèvres cernés de cloques, comme si j'avais été ébouillantée ; il fallut presque trois semaines pour que mes membres cessent enfin de peler.

Dès mon rétablissement, je décidai de m'évader : je ne pouvais plus rester dans cet endroit. Voyant un jour la fenêtre laissée ouverte dans la salle de jeux, je saisis aussitôt ma chance et me glissai dehors.

Je courus aussi vite que je pus, traversant le champ puis la barrière de la propriété pour me retrouver sur la route. Je courais sans me retourner ni savoir où j'allais, ne pensant qu'à une seule et unique chose : m'enfuir le plus loin possible de cet endroit.

Ma course ne me mena pas aussi loin que je l'avais cru. M'engouffrant dans le premier jardin venu, je grimpai dans l'arbre qui se trouvait au fond et observai les allées et venues des voitures sur la route. Au bout d'un moment, une femme sortit de la maison et s'approcha de l'arbre. Elle leva la tête et me sourit. Je lui rendis son sourire.

— Eh bien, si on m'avait dit que je trouverais un jour une petite fille dans mon arbre ! Veux-tu descendre pour venir prendre un thé avec des petits biscuits à l'intérieur ?

Je crus un moment que mon jour de chance était enfin arrivé. Ravie de me voir offrir le thé, je pensai que cette femme allait me laisser rester. Une fois à l'intérieur, elle m'installa à table et commença à préparer la collation. Deux jeunes filles, plus âgées que moi, entrèrent alors dans la cuisine.

— Je te présente mes filles, me dit-elle.

Quelle chance j'avais ! Non seulement cette gentille dame m'aidait et m'accueillait chez elle, mais elle m'offrait aussi deux amies ! Nous prîmes le thé ensemble en bavardant, sans qu'une seule d'entre elles ne me demande d'où je venais ni ce que je faisais là. Lorsque nous eûmes fini, j'aidai à la vaisselle et, trop contente de mon sort, ne risquai aucune remarque ni question lorsque la maîtresse de maison retourna à ses occupations. Ce que j'ignorais, c'était qu'elle profitait de ce que j'étais occupée pour alerter le centre de ma présence chez elle.

J'ignorais comment elle avait fait pour deviner ma situation, puisque je n'en avais rien dit. Je déduisis que je n'étais sans doute pas le premier fuyard qu'elle trouvait dans son jardin. Deux infirmiers – un homme et une femme – arrivèrent ensuite dans une petite camionnette blanche et me ramenèrent au centre. Le psychiatre me consigna au lit pour deux jours et l'on m'administra assez de médicaments pour parer à toute tentative de récidive. La vie au ralenti recommençait.

5

Le corps dans une capsule

Mon corps est pris dans une capsule
D'électrochocs
Je me couche le soir
Vidée et lasse
Et tente de repousser ce salopard sur moi
Je suis une enfant faible et vulnérable
Dont l'esprit alors vagabonde
Pour oublier
Son âme brisée
Je me sens si mal et si désemparée
Mais je sèche mes larmes
En m'imaginant ailleurs
Et je prie pour que ce moment
Soit le dernier
De cette vie de souffrance et de douleur.

Après ma tentative d'évasion, d'autres médicaments vinrent s'ajouter à mon traitement au Largactil. Des cachets pour la dépression, me disait-on, pour m'aider à dormir et calmer mes nerfs, afin que je ne me sente plus « comme ça » – mais qu'avais-je fait sinon fuir le traitement qui me mettait dans cet état ? Je n'étais pas folle, et mon comportement n'était qu'une réaction aux brutalités que je subissais. J'étais violentée depuis des années, battue, frappée, molestée, maltraitée ; je n'étais qu'une enfant que l'on punissait sans raison. J'étais désorientée et en colère.

D'une journée sur l'autre, j'étais tantôt sous stimulants tantôt sous sédatifs – j'avais l'impression d'être dans une usine de bonbons. Mon esprit était engourdi et mon corps me donnait l'impression d'avoir été piétiné par un cheval, avec une sensation continuelle de fatigue et de malaise.

Autour de moi, la vie continuait, mais le monde et les gens m'étaient devenus inaccessibles. Les calmants me donnaient l'impression de flotter au plafond et, tandis que mes rêves étaient hantés de voix et de démons, mes heures d'éveil me voyaient paralysée par une léthargie qui me rendait indifférente au fait de vivre ou de mourir.

Même dans cet état, rien ne m'était épargné. Si certaines infirmières se montraient gentilles, il y en avait toujours d'assez cruelles pour nous maltraiter. Un jour, je me tordis le poignet au cours d'une chute, assez violemment pour me faire très mal. Une infirmière qui n'avait pas vu la scène demanda ce qui s'était passé. Sa collègue lui répondit que je m'étais fait une vilaine entorse. L'autre lança : « Dommage qu'il ne soit pas cassé ! » L'humiliation, s'ajoutant à la douleur, semblait l'amplifier.

Mes yeux se tournèrent vers la fenêtre, vers les arbres, le ciel et le soleil au-delà : pourquoi ne pouvais-je pas profiter moi aussi de ces plaisirs ordinaires de la vie ? Courir à travers les champs en sentant dans mon dos la chaleur du soleil, l'étendue infinie du ciel au-dessus de ma tête, les senteurs et le frémissement de l'été dans mes veines. Je m'imaginais en train de gambader avec mes amies, me précipitant main dans la main avec Liz vers un petit ruisseau scintillant, quelque part, n'importe où. Je rêvais de tout et n'importe quoi, pourvu que cela m'aide à oublier le cauchemar de mon existence.

La nuit, dans cette obscurité que j'abominais, je pleurais sur mon sort et celui de Mary, de Liz, de la pauvre Laura et de tous ces enfants abandonnés. Pourquoi ne voulait-on pas de nous ? Qu'avions-nous fait pour mériter un tel traitement ? Où était ma petite maman que j'aimais tant ? Je rêvais de ses bras qui m'entouraient et me serraient fort contre elle ; j'avais tant besoin d'elle, où était-elle, que faisais-je là ? Je savais que je n'étais pas mauvaise, alors pourquoi me faisait-on croire le contraire ? Je ne voulais pas être une méchante, pas du tout ! Et tandis que je me lamentais dans le noir, je sentais le sel de mes larmes me brûler les lèvres.

Quelque temps plus tard, on nous annonça une sortie à la mer. Je n'en crus pas mes oreilles ! Prévenues une semaine à l'avance, autant dire que nous eûmes un comportement irréprochable pour éviter tout risque d'annulation. C'était mon rêve depuis toujours. Ma mère m'avait souvent raconté la journée qu'elle-même y avait passée étant petite, me décrivant la magie des grandes vagues blanches qui s'étendaient à perte de vue. Elle me racontait la liberté de cet espace infini, le soleil brûlant et la douce brise marine, l'endroit le plus merveilleux qu'elle eût jamais vu, affirmait-elle. Elle me parlait du scintillement du sable argenté et de la sensation incomparable qu'il offrait sous les pieds nus, et aussi des somptueux coquillages de toutes formes et de toutes couleurs que l'on pouvait ramasser et collectionner. Je me souvenais du moindre détail. Malgré mon impatience, je ne pouvais m'empêcher de redouter une supercherie du type de celle que j'avais subie le jour de mon envoi chez les nonnes.

Enfin, le fameux samedi arriva. Nous étions fin prêtes à partir, en short et tee-shirt, munies de serviettes et d'un jeu supplémentaire de vêtements – aucune d'entre nous ne possédant de maillot de bain, il fallait prévoir des habits secs pour le retour. Quelques pensionnaires âgées et plusieurs adolescents vinrent s'ajouter au groupe, déjà formé de mes camarades de l'unité pédiatrique, de quatre accompagnateurs et du chauffeur de notre minibus blanc cassé. Sans oublier le pique-nique.

Quand le minibus arriva à proximité de la mer, j'entrouvris la vitre : maman avait raison, la caresse de la brise marine sur mon visage était extraordinaire.

Nous avions hâte de courir vers le sable doré, mais un des accompagnateurs nous obligea d'abord à nous mettre en rang devant le véhicule.

— Rappelez-vous bien : si vous ne vous tenez pas à carreau et que vous faites des histoires, il n'y aura pas de prochaine fois, menaça-t-il d'un air sévère.

On nous énonça ensuite les règles à respecter. Enfin, nous eûmes le droit de rejoindre le bord de mer.

Je m'assis dans le sable avec les autres enfants et me mis pieds nus. La sensation du sable entre mes orteils était un délice. Je fourrai ensuite mes chaussettes dans mes chaussures et suivis mes camarades dans l'eau.

Aucun de nous ne savait nager, aussi nous contentions-nous de courir après les vagues, rebroussant chemin dès qu'une plus grosse arrivait. Ce manège nous amusait beaucoup, et nous nous aventurions chaque fois plus loin. Deux accompagnateurs en maillot de bain nous surveillaient dans l'eau, tandis que les deux autres s'occupaient sur la plage du reste des patients.

À chaque avancée dans les vagues, je gagnais en assurance.

— Allez, Kathy, viens me rejoindre ! m'invita une des accompagnatrices.

— Non, répondis-je, je ne sais pas nager.

— Je vais te montrer.

Mais j'avais trop peur.

— Je te tiendrai, ajouta-t-elle. Je ne te lâcherai pas, c'est promis.

— Promis ?

Après qu'elle m'eut donné une nouvelle fois sa parole, je la rejoignis en pataugeant, terrifiée. L'eau m'arrivait jusqu'aux coudes. Très vite pourtant, le plaisir se substitua à l'angoisse et j'oubliai tout de mes craintes. Elle me montra comment battre des pieds et bouger les bras, passant d'un enfant à l'autre pour nous apprendre, comme le faisait aussi son collègue.

Après le pique-nique, tout le monde s'affaira à la construction de châteaux de sable ou de tunnels, mais je n'avais qu'une seule envie, retourner à l'eau. Ce que je fis. Quelques minutes à peine s'étaient écoulées quand un des accompagnateurs me rejoignit, ce qui n'était pas pour me rassurer. Cet homme m'avait déjà rendu visite la nuit.

— Je n'ai pas besoin de vous, je peux me

débrouiller toute seule ! lui lançai-je, paniquée à l'idée d'être seule avec lui.

— Tu n'as pas le droit de rester sans surveillance. S'il t'arrive quoi que ce soit, je serai tenu pour responsable, répondit-il.

J'essayai de m'éloigner. Au loin, je voyais les autres sur la plage, mais personne ne regardait dans notre direction. C'est alors qu'il me saisit par le bras.

— Non ! Non ! gémis-je en essayant de me dégager, les yeux droit dans les siens.

Je savais qu'il allait m'arriver quelque chose.

— Tu peux crier tant que tu voudras, petite traînée, personne ne peut t'entendre.

Je ne pouvais pas lui échapper et les larmes me montèrent aux yeux tandis qu'il baissait mon short sous l'eau et enfonçait ses doigts dégoûtants en moi, comme la nuit dans le dortoir.

Ses doigts qui me fourrageaient me faisaient mal et je me mis à hurler en menaçant de le dénoncer, ce à quoi il riposta en m'enfonçant la tête sous l'eau. La panique s'empara de moi. L'eau salée entrait dans ma bouche, et je sentais la pression au niveau de mes oreilles : j'étais en train de suffoquer, d'étouffer. Je sentais la pression de ses mains sur ma tête et mes épaules, mes mains à moi s'agitant en tous sens dans une tentative désespérée de remonter à la surface. S'il était évident qu'il ne cherchait aucunement à me tuer, c'était pourtant bien l'impression que j'avais. Après m'avoir plongé plusieurs fois la tête sous l'eau, il me remonta enfin à la surface. Je toussai et crachai l'eau de mer avalée, le corps secoué de tremblements.

— Voilà ce qui t'attend si tu l'ouvres, menaça-t-il. Allez, dégage.

Il resta dans l'eau tandis que je regagnais en hâte la

plage, où je pris place sur le sable à côté des autres, muette et encore tremblante.

— Alors, on t'a appris à nager ? demanda l'accompagnatrice qui m'avait aidée le matin.

— Non, répondis-je dans un murmure avant de lui tourner le dos.

Je ne dis plus un mot. Durant le trajet du retour, je ressassai dans mon esprit tous les rêves qu'avait pu nourrir cette journée à la mer – aucun ne tournait au cauchemar que je venais de vivre. Toutes mes attentes avaient été déçues.

À la suite de cet épisode, j'ai développé une hydrophobie et n'ai plus jamais remis les pieds à la mer. Je continue de l'apprécier de loin, mais n'y risquerais pas même un orteil.

De retour à l'hôpital, je pris conscience de l'ampleur de ma haine pour cet endroit, son odeur persistante d'urine et de désinfectant mêlés, les drogues, les coups. Je décidai de m'enfuir à nouveau, malgré les répercussions de ma première tentative. Un samedi midi, j'enjambai donc une nouvelle fois la fenêtre de la salle de jeux et m'échappai à travers les champs. Je retournai à la même maison que la fois précédente, mais au lieu de grimper dans l'arbre, je sonnai directement à la porte. Ce fut une des filles qui m'ouvrit.

— Est-ce que ta maman est là ? demandai-je.

— Oui, entre.

Sa mère apparut dans l'entrée.

— Tu es revenue pour nous voir ? s'enquit-elle.

— Oui, et cette fois je ne repartirai pas là-bas. Je ne retournerai pas à la maison des fous.

Nous nous installâmes à la table de la cuisine. Leur maison était si accueillante, je n'en avais jamais connu de telle auparavant. Je mourais d'envie de rester avec elles, mais je savais au fond de moi que cela ne serait pas possible – ce qui ne m'empêchait pas d'espérer secrètement que cette femme pourrait être la gentille fée qui saurait me sauver.

— Je ne peux pas te garder. Quand ils sont venus te chercher la fois dernière, ils m'ont bien prévenue que si tu revenais, je devais te retenir jusqu'à ce qu'ils arrivent. Si je ne leur dis pas que tu es là, je pourrais avoir des ennuis. Ils risqueraient d'appeler la police. Allons prendre le thé et ensuite je leur téléphonerai.

Nous prîmes notre temps, mais l'infirmière envoyée par le centre ne tarda pas à se présenter à la porte.

— Je ne repartirai pas avec vous ! Je déteste l'hôpital ! criai-je en me levant d'un bond.

Une seconde infirmière entra à son tour, un boîtier en plastique à la main, dont je ne connaissais que trop bien le contenu.

— Vous ne me ferez pas de piqûre !

— Nous n'aurons pas le choix si tu refuses de nous suivre, répondit-elle.

— Sois mignonne, ma chérie, repars avec les dames, interrompit soudain mon hôtesse. Je suis sûre que l'on trouvera un arrangement pour que tu reviennes me voir, n'est-ce pas, infirmière ?

— Oh, oui, certainement. À condition qu'elle nous suive immédiatement et sans faire d'histoires.

Je savais qu'en m'entêtant, je ne couperais pas à l'injection et qu'une fois droguée, plus rien ne les empêcherait de me ramener. Alors je finis par céder. À ma grande surprise, mon retour à l'hôpital ne fut suivi d'aucune punition immédiate, et je crus d'abord m'en tirer à bon compte. Mais le soir même, l'infirmière en chef me convoqua dans son bureau.

— Tu te présenteras à la psychiatre dans deux jours, à son retour de congés. Pourquoi donc continuer de t'enfuir ? Je te l'ai déjà dit, tu vas finir par t'attirer des ennuis.

L'infirmière en chef était une femme drôle et pétillante, très appréciée des jeunes patients du centre envers qui elle se montrait attentionnée et prévenante.

— Allez, file à présent. Et plus la peine de penser à cette fenêtre, je la fais condamner dès demain. La tentation est trop grande, ajouta-t-elle avec un petit sourire, comme si elle devinait mes pensées et me comprenait d'avoir voulu saisir ma chance.

En dépit de ma sympathie pour elle, j'éprouvais des difficultés à lui faire confiance, ce lieu abritait trop d'individus malfaisants pour cela. J'avais toujours cru que les hôpitaux soignaient les gens. Or dans cet hôpital psychiatrique, des patients et des enfants innocents étaient victimes de persécutions qui empiraient leur état.

Quand arriva le surlendemain, jour prévu du retour du médecin, j'étais malade d'inquiétude à l'idée d'être droguée et consignée au lit une nouvelle fois. Quand je tombai sur elle dans le couloir, mon cœur fit un bond dans ma poitrine. Je fus rassurée lorsque je remarquai la présence de sa fille à ses côtés. Celle-ci l'accompagnait à l'hôpital une semaine sur deux ; à chaque fois nous jouions ensemble sur les balançoires dans le jardin. Un sourire s'épanouit instantanément sur mon visage : aucune punition ne me serait donnée tant que sa fille serait là.

Peu de temps après, je rentrai chez moi pour le mariage de mon frère. Je me souviens de ma déception à mon arrivée le vendredi soir, en apprenant que je ne serais pas demoiselle d'honneur. Le lendemain matin, je fus toutefois transportée de joie en découvrant la splendide robe rose et le manteau assorti que maman m'avait achetés pour l'occasion. Je me laissai emporter par la fièvre de la journée et profitai pleinement de la réception, où nous pûmes apprécier un délicieux repas clos par une pièce montée et suivi d'une soirée dansante. Le dimanche, au moment de repartir au centre, je ne fis aucun esclandre. Ma mère me manquait toujours terriblement à chaque séparation. Mais quand j'étais à la maison, je me sentais à l'écart de mes frères et sœurs et pensais à mes amies du centre. Je ne savais plus où j'en étais. J'avais le sentiment de n'être chez moi nulle part.

Un lundi matin, un nouvel arrivant en provenance d'un autre centre nous rejoignit. Johnny avait douze ans, il avait l'esprit vif et frondeur. Mary et moi devînmes tout de suite ses amies, et ainsi naquit notre petit trio.

La semaine qui suivit l'arrivée de Johnny, la pédopsychiatre partit pour deux semaines en vacances. Comme le reste du personnel médical semblait lui aussi en congés ou en arrêt maladie, l'hôpital fit appel à des infirmières libérales pour s'occuper de nous. Elles nous traitaient vraiment très bien, nous les adorions et en profitions pour en faire à notre guise – en nous éclipsant à volonté par les fenêtres ouvertes de la salle de jeux par exemple. Les infirmières nous organisèrent un bal et, durant la première semaine, nous emmenèrent même à deux reprises au pub du coin, où elles nous payèrent une limonade et des cacahuètes. Nous étions aux anges. Pour sa dernière semaine avec nous, l'une d'entre elles proposa à Mary,

Johnny et moi de passer la journée avec elle à Dublin en guise de cadeau de départ – sans doute nous avait-elle choisis car nous ne présentions pas les problèmes comportementaux manifestes des autres enfants.

C'était une sensation merveilleuse que de se balader en ville en si bonne compagnie, et d'avoir l'impression de compter pour quelqu'un. La jeune femme, qui était sur le point de se marier, nous régala de chocolats et de sucreries. Nous rapportâmes le soir à nos camarades restés au centre des petits paquets de bonbons gélifiés, chapardés en cachette sur un étal de Moore Street. Au terme de ces quinze jours de relative liberté, la vie épouvantable du centre reprit son cours avec le retour du personnel titulaire. L'éclaircie refaisait place aux nuages.

Un ou deux mois plus tard, la boutique de l'hôpital fut cambriolée. Elle n'était ouverte qu'une heure le matin et une à deux heures l'après-midi, mais permettait aux patients adultes de s'approvisionner en cigarettes et d'acheter le journal. Les deux vendeuses étaient gentilles, elles nous faisaient souvent cadeau de bonbons. Mary et moi fûmes accusées, et nous eûmes beau clamer notre innocence, personne ne voulut écouter : c'était direction le bureau de la psychiatre.

— Nous savons que c'est vous, alors autant avouer. Vous serez punies de toute façon.

Nous répétâmes à nouveau que nous n'avions rien fait, mais elle était convaincue du contraire. Johnny était lui aussi inculpé, disait-elle, car on avait trouvé dans sa poche des allumettes provenant de la boutique.

— Allez, filez, reprit-elle. Nous verrons bien ce que vous direz après quelques jours de travail à la grille.

Mary me jeta un regard furtif.

— On ne s'est pas approchées de la boutique ! m'empressai-je de clamer. Ce n'est pas juste, on ne s'en est même pas approchées ! Je n'ai rien pris !

La psychiatre envoya chercher Johnny et lui annonça qu'il se joindrait à Mary et moi.

— Ça ne me dérange pas de travailler, fit-il.

— Eh bien, attends de voir le travail à faire, riposta la psychiatre. Maintenant, débarrassez-moi le plancher, et réfléchissez à ce qui vous attend ces prochains jours. Nous verrons si vous avez toujours envie de me mentir.

Après avoir quitté le bureau, nous descendîmes à la buanderie.

— Je pars, annonçai-je, perchée sur une des machines.

— Je pars avec toi, fit Mary.

Johnny nous regarda l'une après l'autre.

— Pas moi, déclara-t-il. Partez toutes seules.

— Très bien, va travailler à la grille si ça te chante. Nous, c'est hors de question.

— Qu'est-ce qu'on doit y faire de toute manière ? Nettoyer et balayer ? Ça ne m'embête pas, reprit-il.

Mary lui fit remarquer qu'il n'avait aucune idée de ce que signifiait travailler à la grille, ce à quoi il répondit par un haussement d'épaules, comme pour montrer qu'il était un dur à cuire.

— Je t'explique, ajouta-t-elle. Il y a près de la grille une espèce de grosse cabane. Un infirmier t'y accompagne pour t'ouvrir la lourde porte en fer, tu entres et là tu tombes sur un vieux ou une vieille étendue devant toi.

— Et alors ? demanda Johnny.

— Et alors ? C'est la morgue, Johnny. Tu crois que ça va te plaire de laver et d'habiller des cadavres ?

Il y eut un moment de silence.

— C'est tout vu, fit soudain Johnny, je me tire avec vous !

Sans demander son reste, il se précipita vers la fenêtre de la buanderie. Tous trois prîmes nos jambes à notre cou, pour finir deux cents mètres plus loin, à l'autre bout du champ, en train de nous tordre de rire dans l'herbe, Mary et moi : Johnny n'avait pas traîné !

— Sales petites pestes ! lança-t-il. Je savais bien que vous blaguiez.

— Pas du tout, répondis-je.

— Pourquoi est-ce que vous rigolez alors ?

— On rigole parce que tu t'es jeté sur la fenêtre dès qu'on t'a dit pour la cabane.

— Alors c'était pas des salades ?

— Non, assura Mary. On y a déjà travaillé. Kathy a même fait dans sa culotte, pas vrai, Kathy ?

— Si, confirmai-je. Et toi pareil.

— Parfois même, continua Mary, si les infirmières ne t'aiment pas, elles t'enferment à l'intérieur durant des heures. Pas vrai, Kathy ?

— Si, même que Liz y a été envoyée avec Molly un jour, et Molly a pété un plomb parce que l'infirmière les avait enfermées. Elle a tellement paniqué qu'ils ont dû lui faire une injection pour la calmer.

La morgue était un bâtiment sombre et cerné d'arbres à proximité de la grande grille. Il vous donnait la chair de poule rien qu'à le regarder. Il abritait quatre grandes dalles de marbre sur lesquelles reposaient les corps des défunts en attente de funérailles. Mary et moi y avions déjà été envoyées en guise de punition et obligées à laver le corps d'une vieille femme à l'aide d'un linge trempé dans un seau d'eau. Après avoir souillé mes dessous une première fois, épouvantée par ce corps blafard, froid et raide que je m'attendais à voir se redresser d'un bond à tout moment et se lancer à nos trousses – cela n'avait bien sûr aucune chance d'arriver, mais comment étais-je censée le savoir ? –, j'avais récidivé en entendant la grande porte en fer se refermer sur nous. Mary et moi nous étions précipitées contre elle et avions frappé et hurlé jusqu'à ce que l'on revînt nous ouvrir.

L'image de cette morte m'avait hantée des jours durant. C'était la première fois que j'étais confrontée à un cadavre, et la vision de cette femme étendue, immobile et sans vie, semblait ne plus vouloir quitter mon esprit. Je n'avais jamais vu une peau aussi pâle et tendue, au point qu'elle en devenait presque translucide au niveau des pommettes. Les longs cheveux d'argent de la morte étaient pris dans un chignon qui faisait ressortir la noblesse de ses traits ; toute sa personnalité était là, écrite sur son visage. Elle me faisait penser à la squaw d'un de mes livres de contes resté à la maison, mais ce qui frappait par-dessus tout c'était cette absence totale de mouvement. Ce silence assourdissant.

Une fois ce récit achevé, notre trio décida de franchir la clôture du champ et de regagner la route. Nous marchâmes longtemps, puis nous fîmes halte près d'un arrêt de bus où nous nous perchâmes sur le grand mur qui longeait la voie à double sens. Nous bavardions depuis un moment lorsqu'une voiture de police s'arrêta à notre niveau. Deux agents en descendirent.

— Eh, les jeunes, que faites-vous par ici ? demanda l'un d'eux.

— On rentre chez nous, répondis-je.

Il nous demanda ensuite d'où nous venions.
— De chez ma tante, continuai-je.
— Et comment comptez-vous rentrer ?
— En bus.
— Et vous habitez où ?
— À Clondalkin.
— Vous êtes sûrs que vous ne vous êtes pas enfuis, plutôt ?
— Non ! répondit-on d'une seule voix.
— Moi, je crois que si au contraire. Nous avons reçu un appel de l'hôpital plus haut. Trois jeunes manquaient à l'appel il y a deux heures, deux filles et un garçon. Âge : quatorze, treize et douze ans. Allez, grimpez dans la voiture, on va régler cette affaire au poste.

Les deux agents nous conduisirent jusqu'à un grand bâtiment où l'on nous installa dans une salle. Nous eûmes droit à du thé et des sandwichs au jambon. Puis on nous emmena dans le bureau d'un officier imposant, tant par sa taille que par sa carrure.
— Ce monsieur va vous aider, déclara un des officiers qui nous avaient trouvés.

L'homme nous reposa les mêmes questions que ses collègues, en commençant par nous interroger sur le lieu d'où nous venions.
— De chez ma tante.
— Et où alliez-vous ?
— Chez moi, répondis-je. À Clondalkin.
— Tu mens. Vous êtes les trois gamins de l'hôpital portés manquants. Quelqu'un de là-bas va venir vous chercher, alors plus la peine de mentir.

Nous étions découverts.
— C'est vrai, lâchai-je aussitôt, on est de là-bas ! On s'est enfuis !

L'officier me demanda pourquoi.

— Parce qu'ils nous font des piqûres et nous punissent alors qu'on n'a rien fait.

— Et pour quelle raison font-ils cela ?

— J'en sais rien, admis-je.

— Que vous font-ils d'autre ? demanda-t-il en se tournant vers Mary.

— Rien, murmura-t-elle.

— Est-ce qu'ils vous font autre chose ? insista-t-il.

— Quelles choses ? s'enquit-elle.

— Est-ce qu'ils vous touchent par exemple ? Johnny, est-ce qu'ils te touchent ou te font du mal ?

— Oui, répondit Johnny.

— Où est-ce qu'ils te touchent ?

— Ils me frappent.

— Et toi, Kathy, est-ce qu'ils te font des choses qui sont mal, est-ce qu'ils te touchent ?

— Quoi, comme choses ? Je savais pertinemment à quoi il faisait allusion, mais j'avais peur de répondre. Que voulez-vous dire ?

— Eh bien, est-ce qu'ils mettent les mains dans ta culotte ?

D'aussi loin que je me rappelais, ma situation s'était aggravée chaque fois que j'avais dit la vérité. Je jugeai donc préférable de mentir.

— Non, m'empressai-je de répondre.

— Tu en es sûre ?

— Oui.

— Bon, alors on en a fini. Quelqu'un va bientôt venir vous chercher.

On nous ramena à l'hôpital, où nous fûmes conduits illico dans le bureau de la psychiatre. Elle nous attendait de pied ferme. Johnny fut frappé aux jambes jusqu'à ce qu'il pleure, et Mary et moi fûmes envoyées dans une petite chambre au bout du couloir où deux lits étaient disposés de part et d'autre de la pièce, séparés par un grand fauteuil au centre, près de la fenêtre. C'était ce qu'ils appelaient le « traitement spécial » : une infirmière vous surveillait vingt-quatre heures sur vingt-quatre – en cas de besoin pressant, elle vous escortait même jusqu'aux toilettes.

Le médecin et l'infirmière me plaquèrent sur le lit pour me faire la piqûre, et Mary aussi. J'étais tellement dans les vapes le lendemain matin que je ne pus avaler mon petit déjeuner. S'ensuivit alors une seconde injection qui nous fit dormir jusqu'au soir. À mon réveil pour l'heure du dîner, je pouvais à peine me tenir assise pour manger. Le troisième jour, nous obtînmes la permission de quitter le lit, mais sans avoir le droit de sortir du service. Et je fus traitée par électrochocs.

Le jour suivant, l'hôpital reçut la visite d'un nouveau psychiatre, un médecin visiblement réputé. Le nouveau produit qu'il m'injecta m'assomma totalement, j'avais l'impression de flotter dans l'espace. Je ne me souviens plus des questions qu'il me posa ni de mes réponses, seulement des infirmières que j'entendis plus tard évoquer le produit. C'était de la kétamine, un médicament dont j'ai récemment découvert qu'il sert de tranquillisant pour les chevaux ; il vous paralyse et vous déconnecte du monde alentour, sans que vous puissiez rien y faire. À partir de ce moment, je reçus régulièrement des injections de ce produit. Nous étions bel et bien leurs sujets d'expériences.

Après la visite de ce médecin, et pour une raison demeurée obscure, mes séances d'électrochocs se déroulèrent sans anesthésie. La douleur était abominable, j'avais l'impression que mon corps secoué de convulsions était passé à travers une fenêtre. Le morceau de caoutchouc que je mordais provoquait des réflexes de renvoi, mais tout ce que le médecin savait dire était un sempiternel « Allez, serre les dents. Ce serait dommage que tu te les abîmes, n'est-ce pas ? »

Plusieurs séances de ce type se produisirent, jusqu'au jour où l'une des infirmières se querella violemment avec le médecin.

— Mais qu'est-ce qui vous prend ? hurla-t-elle en entrant dans la pièce. C'est une enfant, elle n'a rien à faire là ! Si jamais je la revois ici, je vous dénonce aux autorités !

Elle me prit alors avec elle et me ramena au dortoir dans un état bien pitoyable : mes jambes flageolantes refusaient de me porter et je m'étais fait pipi dessus de terreur. Ce fut néanmoins ma dernière séance d'électrochocs. Grâce à Dieu, quelques jours suffirent à me remettre sur pied et je retrouvai vite Johnny et Mary pour faire les quatre cents coups. Mais d'autres que moi n'ont pas eu la même chance.

Les membres du personnel n'étaient pas tous mauvais. Il y avait une femme en particulier, la standardiste de permanence le soir, que je considérais comme ma bienfaitrice à l'hôpital. Après le départ du personnel de jour, je descendais tranquillement jusqu'à l'accueil et restais bavarder avec elle. Le summum pour moi, c'était quand elle faisait sonner la cabine téléphonique du coin de la rue près de chez moi, jusqu'à ce qu'un passant finisse par décrocher et coure chercher ma mère à notre demande. Maman me demandait toujours si j'allais bien et si j'étais sage, et je lui répondais invariablement à quel point elle me manquait ainsi que la maison. Je me dis aujourd'hui que ces coups de fil devaient lui briser le cœur. Pour moi, lui parler était un besoin vital.

Je raccrochais souvent démoralisée. La réceptionniste tentait alors de me consoler en me laissant m'asseoir sur le bureau et tripoter les boutons du standard. Il m'arriva plusieurs fois de la mettre en mauvaise posture en coupant par mégarde un appel en cours, mais elle endossait toujours la responsabilité de ma faute en expliquant avoir commis une erreur. Me trouvant trop pâle et décharnée, elle me disait souvent : « Je vais te ramener chez moi et te remplumer un peu, tu vas voir ! »

D'autres infirmières nous manifestaient elles aussi de la bienveillance, mais les liens les plus précieux que j'avais à l'hôpital étaient avec mes amis, Johnny et Mary.

Un jour, nous étions dehors dans le champ lorsque nous trouvâmes une portée d'adorables chatons qui erraient dans la nature. Je pris dans mes bras l'un d'entre eux, une petite boule de poils blancs et gris que j'appelai aussitôt Lady, sans même savoir s'il s'agissait d'un mâle ou d'une femelle.

Lady était à croquer, je ne concevais pas de rentrer sans elle au centre, aussi la fis-je entrer dans le dortoir en catimini, dissimulée sous ma veste. Je n'étais pas la seule à vouloir m'occuper d'elle : mes quatre camarades de chambrée souhaitaient aussi veiller sur ma protégée. Nous installâmes Lady sur un des pulls de mon armoire et partîmes lui chercher du lait en cuisine ; une des filles lui accola une de ses peluches, puis ce fut l'heure d'aller au lit.

À notre réveil le lendemain matin, Lady dormait encore profondément, aussi nous la laissâmes le temps du petit déjeuner. C'est à notre retour seulement que nous l'autorisâmes à gambader un moment. Quelques miaulements et lampées de lait plus tard, nous décidâmes de la replacer dans son meuble. Tout se passa bien jusqu'au soir du troisième jour, quand une infirmière se présenta.

— Qui a le chat ? demanda-t-elle.

— Il n'y a pas de chat ici, répondis-je.

— C'est faux, donnez-le-moi. Je sais qu'il est ici.

Me précipitant sur mon armoire, je m'emparai de Lady.

— Vous ne l'aurez pas, elle est à moi ! criai-je.

L'infirmière tenta de me l'arracher mais je tins bon.

— Fort bien, vous allez toutes avoir des problèmes, nous menaça-t-elle avant de regagner la porte.

Elle revint au bout d'une heure, accompagnée d'un médecin, une femme que je ne connaissais pas. Les infirmières appelaient toujours les médecins à la rescousse. Assise dans mon lit, je m'accrochai à mon chaton, mais elles finirent par s'en emparer en m'administrant une dose de somnifère. Je ne revis plus jamais Lady et ignore ce qu'il advint de mon chaton. Comme nous avions toutes pris part à l'affaire, la punition – deux jours à la grille – fut générale.

Un jour que Mary et moi traînions, désœuvrées, à la morgue – il n'y avait aucun corps à nettoyer –, Johnny nous rejoignit, une idée en tête.

— Dites, les filles, si cet endroit n'existait pas, on ne nous obligerait pas à y venir, pas vrai ?

— Tu crois ? demandai-je.

— Oui, mais il existe, fit observer Mary.

— On n'a qu'à le brûler ! lança-t-il. J'ai des allumettes sur moi.

L'idée nous parut lumineuse. Johnny grimpa à la gouttière et mit le feu au nid d'oiseau vide logé en bordure du toit. Il n'y eut d'abord qu'un peu de fumée, puis la rive de la toiture finit par s'enflammer, produisant de grandes flammes et davantage de fumée.

Les infirmières sortirent voir ce qui se passait et appelèrent la sécurité. Contrairement à ce que nous avions espéré, le feu resta modeste et ne détruisit pas le bâtiment. Une fois rentrés au centre, il nous fallut confesser notre acte – notre culpabilité ne faisait de toute manière aucun doute, dans la mesure où nous étions les seuls sur place. Notre aveu ne déclencha d'abord aucunes représailles et l'on nous envoya à la salle de jeux pour le reste de l'après-midi, jusqu'au dîner. Mais à 20 heures, nous fûmes tous trois convoqués dans le bureau de la psychiatre, qui nous attendait en compagnie d'une infirmière.

— Tu vas être envoyé dans un endroit d'où tu ne sortiras plus, annonça-t-elle à Johnny, et où l'on va t'apprendre l'obéissance. Quant à vous deux, fit-elle en se tournant vers Mary et moi, fichez-moi le camp, je m'occuperai de votre cas plus tard.

Nous nous apprêtions à sortir, Johnny sur nos talons, quand elle le rappela.

— Pas toi, Johnny, tu restes avec moi ici jusqu'à ton départ.

Nous pensions qu'il s'agissait juste d'une menace et que Johnny serait envoyé au lit avec une injection comme d'habitude, mais un peu plus tard des hurlements résonnèrent dans le centre. Mary et moi nous précipitâmes : deux hommes tiraient Johnny par les bras dans le couloir, et notre ami se débattait et hurlait tant qu'il pouvait.

— On s'excuse, criai-je, on ne l'a pas fait exprès ! S'il vous plaît, ne le renvoyez pas !

Nos supplications demeurèrent sans effet. Johnny

fut traîné dehors et enfermé à l'arrière de la voiture qui l'attendait. Tandis que celle-ci descendait l'avenue, Mary et moi observions depuis le perron notre ami qui nous disait au revoir de la main, en larmes. Puis le véhicule franchit le grand portail. Ni Mary ni moi ne revîmes jamais Johnny, et nous ne sûmes jamais où il fut emmené ce soir-là.

Deux jours plus tard, la psychiatre annonça à Mary qu'une sortie avait été prévue pour elle. Une infirmière vint la chercher dans l'après-midi, et Mary ne réapparut plus jamais. Lorsque je demandai après elle, le médecin me répondit qu'elle avait été envoyée là où elle apprendrait à obéir. Le vide que laissait dans mon cœur l'absence de Mary et Johnny était effroyable. Je me sentais terriblement seule sans eux.

Une semaine plus tard, ce fut à mon tour d'être convoquée : j'allais dans une nouvelle école. J'avais l'hôpital en horreur, mais j'appréhendais de me retrouver dans un endroit encore pire. N'ayant de toute façon pas le choix, je rassemblai mes affaires avant d'être conduite au bureau, mon sac en plastique noir dans les bras.

Une des plus gentilles infirmières du service avait reçu l'ordre de m'accompagner durant le trajet. Je grimpai avec elle dans le taxi garé devant le centre, agrippée à mon sac.

6

Esclave des laveries

Les nonnes
Leurs chaussures
Je reconnais les nonnes à leurs chaussures
Leurs pas dans les couloirs
Venant nous faire expier nos fautes
Le grelottement des grains
Des longs chapelets
Suspendus à leur taille
Hurlant et vociférant
Filles perdues, pécheresses !
Pécheresses
Le poing qui se fracasse
Sur votre visage d'enfant
Année après année, les châtiments
Et les nonnes.

La voiture roula longtemps avant de s'engager dans une longue allée qui grimpait jusqu'à un couvent. Terrorisée à l'idée de ce qui m'attendait encore une fois, je me serrai contre mon accompagnatrice sur la banquette arrière, jusqu'à ce qu'elle me fasse remarquer en plaisantant que j'étais pratiquement assise sur elle. Elle tenta ensuite de me rassurer sur ma nouvelle demeure, mais je ne pressentais pour ma part rien de bon à son sujet.

Sur le côté gauche de l'allée, une magnifique grotte dédiée à la Sainte Vierge attira immédiatement mon attention. Plus loin du même côté se dressait l'église, un imposant édifice de brique dont les fenêtres étaient couvertes de barreaux, tout comme l'étaient celles de mon nouveau « foyer ». La ressemblance avec mon ancienne école religieuse me donna des frissons.

En descendant de voiture, mon accompagnatrice remit mon dossier à la sœur qui nous attendait, puis se tourna vers moi pour me faire ses adieux. Je voyais à son expression qu'elle s'attendait à une scène, mais j'avais depuis longtemps compris que lutter était inutile. L'air désappointé devant cette petite fille qui avait tant réclamé son attention à l'hôpital et qui s'apprêtait maintenant à la quitter sans aucun geste d'affection, l'infirmière me demanda : « Tu ne m'embrasses pas avant de partir ? » Je me contentai de la regarder, avant de tourner les talons. Elle n'était à mes yeux qu'une adulte de plus qui m'abandonnait.

L'intérieur du couvent paraissait immense et ses couloirs semblaient interminables. La sœur m'accompagna au bureau principal où la mère supérieure, une femme à la mine sévère qui me toisa de haut, nous attendait.

— Tu es ici car tu n'as toujours pas appris les bonnes manières, m'expliqua-t-elle en guise de présentation. Tu es ici pour travailler et, crois-moi, tu vas travailler. Sans doute as-tu pensé avoir le dessus au service pédiatrique, mais ne va pas croire que tu sortiras d'ici aussi facilement.

Ses paroles, je m'en souviens, retentissaient à l'intérieur de ma tête. Tous mes traitements ayant été suspendus quelques jours auparavant, le sevrage me donnait l'impression d'émerger du brouillard, comme si tout autour de moi était soudain devenu plus vibrant, l'environnement plus sonore. Ce fut donc un soulagement immense lorsque sa tirade s'acheva enfin et que je pus me dérober à cette voix tonitruante.

On me conduisit alors dans une pièce où une jolie jeune fille d'une vingtaine d'années à la magnifique chevelure était assise près d'une petite table.

— Je te présente Jessica, elle va s'occuper de tes cheveux, annonça la sœur. On ne veut pas de cheveux sales ici.

— Je n'ai pas les cheveux sales, fis-je remarquer.

— C'est ce dont nous allons nous assurer, rétorqua-t-elle.

Je pris place sur la chaise et Jessica sortit un gros peigne en métal argenté avec lequel elle se mit à me peigner la tête. J'eus l'impression qu'on m'arrachait le cuir chevelu. Je me mis à crier, mais la nonne me répéta que chaque nouvelle arrivante devait se faire soigneusement peigner. Jessica s'acquitta consciencieusement de sa tâche jusqu'au bout. Mon crâne était en feu.

Je fus ensuite conduite dans un grand dortoir où l'on m'invita à laisser mes affaires et à enfiler une horrible blouse.

— Tu travailleras à la laverie avec les autres, m'informa la nonne en me tendant le vêtement. Mais d'abord, je veux que tu emportes ce seau et que tu ailles le déposer près de la porte de l'école, de l'autre côté de la cour.

Je pris le seau et l'apportai à l'endroit indiqué. La porte en question était celle d'une salle de classe. En glissant la tête dans l'entrebâillement, j'eus du mal à en croire mes yeux : parmi les élèves assises à leurs pupitres se trouvait Mary. Mon cœur fit un bond dans ma poitrine, et je me sentis soudain rassérénée de me savoir une alliée dans cet endroit abominable, dont j'ignorais encore ce qu'il me réservait.

La visite continua, et je fus amenée devant un bâtiment immense dont la porte, quand la nonne la poussa, libéra le vacarme assourdissant des machines industrieuses et cliquetantes qui s'y trouvaient, enveloppées dans un nuage de vapeur. L'endroit empestait les produits chimiques, le détergent et la sueur, et il y régnait une chaleur comme je n'en avais jamais connu. C'était ma première rencontre avec les laveries des sœurs de Marie-Madeleine : j'avais douze ans et je venais de débarquer en enfer.

Arrivée devant un groupe de jeunes filles occupées à plier des draps, je reçus l'ordre de me mettre au travail sur-le-champ. La commande ne souffrant aucun délai, je m'empressai de me trouver une place et tentai de me mettre au diapason. Occupée à ma tâche, je jetai un coup d'œil alentour dans l'espoir de repérer d'autres connaissances de l'école ou de l'hôpital. Ne distinguant aucun visage familier, je décidai de me concentrer sur mes voisines pour tenter d'évaluer à qui j'avais affaire : j'en étais à mon troisième établissement d'accueil, je savais que certaines voudraient me remettre à ma place en me régentant ou en me chahutant. J'avais cependant appris à laisser ce genre de comportement glisser sur moi et j'étais capable de me défendre. Du moins contre les filles – les nonnes, c'était une autre histoire.

Le rythme de travail dans la laverie était impitoyable. Chaque matin, des fourgons de livraison déversaient leur cargaison de draps sales, souvent maculés de sang ou d'excréments, en provenance de prisons, d'hôpitaux, de maisons de retraite ou d'autres établissements de ce genre. Les Madeleines, comme on nous appelait, devaient alors nettoyer, repasser et plier tout ce linge à temps pour le retour des fourgons le soir même.

Je n'avais jamais vu autant de draps de ma vie. Nous trimions d'arrache-pied, frottant, lessivant, savonnant du matin au soir. L'eau javellisée nous attaquait les mains, et de nombreuses filles attrapaient au contact de ce linge souillé des rougeurs et démangeaisons atroces.

Les nonnes affectées à la surveillance de la laverie avaient sans aucun doute été recrutées pour leur agressivité et leur manque total de compassion. Si une fille faisait un pas de travers, parlait ou même riait, une volée de coups de ceinture s'abattait sur elle, distribuée par l'une ou l'autre des surveillantes – lesquelles, entre deux rossées, récitaient leurs prières. Notre journée était également ponctuée de prières expiatoires, dont une que nous répétions sans relâche et qui est restée gravée dans ma mémoire : la prière de Fatima.

Ô mon Jésus, pardonnez-nous nos péchés, préservez-nous du feu de l'enfer, et conduisez au Ciel toutes les âmes, spécialement celles qui ont le plus besoin de votre miséricorde.

Le soir de ma première journée, je m'écroulai de fatigue sur mon lit, plus épuisée que je ne l'avais jamais été ; le travail s'annonçait bien plus pénible qu'à l'école religieuse, mon corps tout entier agonisait. Il y avait toutefois un bon côté à cela : la fatigue me fit sombrer dans un sommeil profond et m'empêcha de m'apitoyer sur mon sort dans le noir. Je dormis d'une traite jusqu'au lendemain matin, où je fus réveillée à 6 h 30 pour la messe, avec pour seule perspective une nouvelle journée de labeur dans l'étuve de la laverie.

Au petit déjeuner ce matin-là, je remarquai l'absence de Mary, que je n'avais vue ni au dîner de la veille ni à la messe du matin. Mon amie résidait en fait dans un autre bâtiment appelé le centre d'entraînement – le couvent était un vaste complexe qui comptait entre autres un orphelinat. J'ignore comment les sœurs classaient les pensionnaires, mais je présumai avoir été affectée à la laverie en raison de mon comportement. La lueur d'espoir suscitée par la présence de Mary disparut et je me résignai à mon sort.

À peine quelques jours plus tard cependant, on m'envoya en commission au centre d'entraînement. Saisissant la chance qui m'était donnée, je fis croire à la sœur qui surveillait la classe que l'on m'envoyait chercher Mary, laquelle fut immédiatement autorisée à sortir avec ordre de revenir aussitôt sa tâche achevée.

Les yeux de Mary s'arrondirent de surprise en voyant qui l'attendait, mais ni l'une ni l'autre ne soufflâmes mot avant d'être en sécurité loin de la classe. Alors seulement nous nous jetâmes dans les bras l'une de l'autre en pouffant de rire.

— Qu'est-ce que tu fais là ? s'enquit-elle.

— Une infirmière du service m'a emmenée ici en taxi, répondis-je. Johnny est ici lui aussi ?

— Mais non, bécasse ! Ce n'est pas un hôpital, c'est réservé aux filles ici. C'est une maison de correction. Amène-toi, je sais comment sortir de là.

Elle me fit traverser la cour, puis nous longeâmes l'arrière du couvent jusqu'à un étroit chemin qui menait à un mur, que nous escaladâmes. De l'autre côté, nous courûmes sur la route jusqu'à perdre haleine. Nous n'étions pas dehors depuis longtemps quand une voiture nous dépassa, transportant à son bord une nonne et un policier. Mary et moi reprîmes aussitôt notre course, la voiture à nos trousses.

Nous nous engouffrâmes dans un garage et, sans faire de bruit, nous glissâmes à plat ventre sous une voiture, mais la voix de la sœur se fit vite entendre.

— Elles sont là, je les ai vues entrer, affirma-t-elle tandis que nous avions pour seule vue le bas de sa longue robe noire et ses chaussures, noires elles aussi.

Nous nous retenions de rire de ce bon tour que nous venions de leur jouer quand soudain le policier se mit à quatre pattes et baissa la tête sous la voiture. Nous l'ignorions à ce moment-là, mais c'était une cachette bien connue des pensionnaires.

— Allez, sortez de là toutes les deux ! ordonna l'agent. Vous aviez raison, elles sont là-dessous ! indiqua-t-il à la nonne.

— Je savais bien qu'elles viendraient ici, répondit-elle.

Si l'ordre du policier ne nous fit pas bouger, les hurlements de la nonne eurent raison de notre résistance. Nous trouvâmes en nous extirpant de sous la voiture un visage pourpre de colère. Nos regards fouillaient l'endroit à la recherche d'une issue quand un deuxième agent entra et referma la porte derrière lui.

Prises au piège, nous nous mîmes à courir dans le garage, les deux policiers et la nonne à nos trousses, jusqu'à ce que l'un m'empoigne le bras et que la nonne attrape Mary. Ils nous traînèrent ensuite à la voiture et nous ramenèrent à la laverie où nous fûmes accueillies par une sévère correction et menacées de ne plus jamais mettre le nez dehors en cas de récidive. Quelques jours plus tard, Mary fut mise au travail à la laverie, signe que les nonnes nous jugeaient dorénavant aussi mauvaises l'une que l'autre – au moins étions-nous réunies.

Les religieuses considéraient les filles de Marie-Madeleine comme le rebut de la société, des pécheresses qui jamais n'obtiendraient la rédemption, des filles perdues destinées – au terme, pour la plupart, d'une vie d'un travail crasseux et besogneux – aux flammes de l'enfer. Quoique, d'après l'une des vieilles pensionnaires, le diable lui-même n'aurait pas inventé pire enfer que les laveries.

Pendant que nous nous tuions à la tâche, nos moindres gestes étaient épiés, surveillés, et toute tentative pour établir le moindre contact entre nous était immédiatement découragée. Chose insupportable, le silence devait être observé au dîner et après l'extinction des feux, un silence qui, nous disait-on, soutenait les bonnes pénitentes sur le chemin de la vertu et domestiquait les mauvaises. Mais qu'était-ce, sinon une autre façon de nous contrôler en entravant le développement d'amitiés susceptibles de nous aider à mieux supporter notre condition ? Cette stratégie d'isolement fonctionnait à merveille : plus une fille se sentait seule, plus elle était fragile et vulnérable.

Les châtiments infligés pouvaient être brutaux. Ainsi, une des religieuses se servait pour nous frapper d'un épais morceau de caoutchouc semblable à une chambre à air de vélo. Un jour qu'elle m'accusait d'avoir désobéi, je me dérobai à ses coups en m'échappant de la pièce, mais glissai maladroitement au détour d'un couloir et chutai. Je sentis quelque chose craquer mais la nonne resta sourde à mes plaintes et me renvoya au travail. Le soir venu, allongée dans mon lit, la seule façon que je trouvai pour soulager ma douleur était de ramener mes jambes autant que possible sous mon menton. Une semaine plus tard, comme je n'étais toujours pas en état de me redresser, on accepta enfin de m'amener à l'hôpital, où les examens révélèrent une fracture du bassin. Je n'eus droit en tout et pour tout qu'à trois jours de convalescence, avant de me voir attribuer des béquilles pour reprendre le travail – je n'en eus pratiquement pas l'usage tant elles me gênaient dans mes tâches.

Non contentes de nous faire travailler jusqu'à l'épuisement, les religieuses s'employaient à réprimer tout sentiment positif à l'égard de nous-mêmes. Nous étions des êtres vils et maudits, rejetés et oubliés de leurs familles et du monde entier et qui, en définitive, devaient se montrer reconnaissants de l'attention qu'elles nous portaient. Leur comportement, aussi brutal pût-il paraître, n'avait d'autre but que le salut de nos âmes damnées. Les nonnes nous empêchaient également de parler de nos vies d'avant. Pour elles, nous n'avions ni passé ni futur : seul comptait le présent, dont elles contrôlaient le moindre aspect.

Outre les jeunes filles, la laverie comptait dans ses rangs des femmes adultes dont la majorité avaient travaillé toute leur vie au service des nonnes, certaines depuis trente ou quarante ans. Dès qu'elles en avaient l'occasion, elles nous racontaient la vie dans les laveries du temps où les choses étaient encore pires – en admettant que cela fût possible. On leur avait attribué de nouveaux noms pour effacer leur identité, leur histoire et toute connexion avec le monde extérieur, et on les avait convaincues que personne ne voulait de telles pécheresses ; seul l'enfer les attendait. Mais puisqu'elles étaient à la laverie, autant valait travailler pour racheter leurs péchés, quand bien même leur salut était improbable.

Bon nombre de ces femmes, sous-alimentées, paraissaient très éprouvées physiquement. Quand vous travaillez du matin au soir et qu'on vous donne de la bouillie pour seule nourriture, rien d'étonnant à ce que votre corps s'effondre. Beaucoup souffraient de douleurs dans la poitrine, dues à la vapeur et à l'humidité. Elles avaient souvent les dents pourries et la peau abîmée par l'usage des détergents et la manipulation des draps souillés. Je subissais déjà moi-même les conséquences de notre activité : mes mains me faisaient atrocement souffrir. Je me souviens d'une fois où un pus jaune et abondant s'écoulait librement de mes plaies infectées ; on m'obligea toutefois à continuer le travail.

Nous passions la journée debout ; nous asseoir ne serait-ce qu'une minute était hors de question. La laverie était infestée de souris et de rats qui cavalaient près des machines et autour de nos pieds : il nous fallait combattre l'envie de les fuir, et rester sur place sous peine d'être punies. « Ce sont des mulots, c'est inoffensif ! » nous répétaient les nonnes. Mais ce n'étaient pas elles qui demeuraient au même endroit sans bouger avec ces bestioles autour. Elles ne levaient pas le petit doigt pour les chasser, et se moquaient bien des risques de maladies que nous encourions.

La nourriture que l'on nous servait était exécrable. Parfois vous étiez en train de manger quand quelque chose se mettait à remuer dans votre assiette : des petites chenilles qui sortaient du chou la plupart du temps. Et les nonnes de répondre à nos protestations qu'elles constituaient une excellente source de protéines.

Il arrivait que certaines femmes s'effondrent, malades ou simplement épuisées. Les nonnes venaient les relever et leur ordonnaient sèchement de se remettre au travail : « Debout ! Debout ! Nous n'avons pas le temps pour ce cinéma ! » La tuberculose et la grippe faisaient de nombreuses victimes, le suicide aussi ; certaines filles avaient simplement le cœur qui lâchait. Des histoires pitoyables, il y en avait à la pelle dans cet endroit oublié du monde.

Les travailleuses qui mouraient à la laverie étaient enterrées dans le cimetière du couvent. Lorsqu'une Madeleine décédait, son corps était transporté à ciel ouvert, simplement enveloppé dans un drap, sur une charrette à bras tirée par deux hommes – souvent les employés affectés à l'entretien du domaine. Une croix noire, symbole du démon, était placée sur le corps pour s'assurer que la défunte irait directement en enfer.

Les deux hommes hissaient la charrette jusqu'au bord de la tombe et y faisaient glisser le corps après une brève bénédiction. Quelques filles et quelques nonnes assistaient à l'enterrement, parfois rejointes par des voisins. Une fois la tombe recouverte, on y plantait une croix noire portant l'inscription « Pénitente ». Notre vie ne valait rien, notre mort encore moins.

Malgré tous leurs efforts, il était impossible aux

nonnes de nous faire taire vingt-quatre heures sur vingt-quatre, car nous saisissions la moindre occasion qui nous était donnée pour parler. Les week-ends en particulier nous offraient la possibilité d'échanger quelques mots, assises devant une partie de bataille dans la salle de jeux – nous collectionnions les cartes trouvées dans les paquets de cigarettes que les livreurs offraient aux femmes de la laverie. Nous nous racontions alors les parcours respectifs qui nous avaient menées jusque-là.

Nous étions nombreuses à avoir connu le même. Plusieurs d'entre nous avaient été « confiées » aux nonnes à un très jeune âge, dans des orphelinats. D'autres, comme moi, avaient été enlevées à leur famille pour intégrer le système des écoles religieuses. En fait, nous étions déjà des Madeleines bien avant d'arriver à la laverie, entraînées en vue du dur labeur qui nous attendait.

Certaines pensionnaires avaient pour leur part été envoyées à la laverie à la demande du prêtre de leur paroisse ou du tribunal pour enfants, pour mauvaise conduite à l'école ou en raison de petits larcins comme le vol à l'étalage. Dans certains cas, le prêtre s'occupait de placer les orphelins à la suite du décès de leur mère : les filles à la laverie et les garçons dans un foyer, sous le prétexte de les empêcher de tomber dans de mauvaises mains. Enfin, il y avait les filles-mères dont il fallait cacher l'infamie.

L'ironie bien sûr était que nous étions exposées aux mêmes risques, sinon à de plus grands, à l'intérieur même de ces institutions censées nous protéger. Les histoires de filles violées et engrossées après leur arrivée à la laverie étaient légion. Aucune, sans exception, n'avait le droit de garder son bébé. Toutes se voyaient forcées de le laisser à la nursery du couvent afin de retourner travailler. Les malheureuses nous confiaient leur déchirement, et nous racontaient qu'une collecte avait lieu une fois par mois pour emmener les bébés vers le Nord, d'où ils étaient expédiés par bateau vers les États-Unis. Plusieurs d'entre elles avaient vu le registre prouvant qu'ils avaient été vendus à de riches Américains : y étaient consignés les noms des bébés et leurs prix. À en croire les sommes indiquées, les petits garçons semblaient plus cotés que les petites filles, ce qui nous scandalisait : comment un bébé pouvait-il être plus précieux qu'un autre ?

Une fille nous parla de ses jumelles. Après s'en être occupé pendant six semaines, les avoir nourries et changées tous les jours, elle s'était présentée à la nursery comme d'habitude et avait trouvé leur berceau vide. Les nonnes lui avaient volé ses filles pour les vendre ; ses beaux bébés n'étaient pour elles qu'une marchandise, une source de profit. À ses questions éperdues, les nonnes avaient répondu que les jumelles avaient été envoyées là où elles auraient une vie meilleure, avec des parents dignes de ce nom. La mère avait hurlé de chagrin et imploré les nonnes de lui rendre ses enfants, mais celles-ci avaient fait fi de ses larmes et l'avaient renvoyée à la laverie sans autre forme de procès. Elle mourut quelques années plus tard, toujours en servitude au couvent, emportant dans sa tombe un chagrin inconsolable.

Les sœurs n'étaient jamais à court de cruauté. Une des filles qui demanda un jour à rentrer chez elle se vit répondre qu'elle n'avait plus de famille auprès de laquelle retourner. Quand elle évoqua sa mère, on lui rétorqua que celle-ci était décédée. La Madeleine s'effondra, persuadée d'être désormais seule au monde. En quittant la laverie vingt ans plus tard, elle découvrit non seulement que sa mère était toujours en vie mais qu'elle avait de surcroît deux sœurs et un frère nés durant son internement, ainsi qu'une foule de cousins.

Une autre fille, Mary-Anne, fut incitée à croire que sa mère était morte en lui donnant la vie. Ce n'est que bien des années plus tard qu'elle découvrit qu'elle n'était pas orpheline. Sa mère était en vie et en parfaite santé ; elle avait été envoyée en repos à l'hôpital psychiatrique pendant sa grossesse, pour cause de dépression prénatale. Le travail s'était déclenché durant son séjour, et elle avait donné naissance à des jumelles. C'est là qu'on lui avait enlevé ses petites filles pour les placer en foyer d'adoption, lui avait-on dit, car elle n'était pas mariée.

La mère de Mary-Anne finit par se rétablir, après quoi elle se maria et eut plusieurs enfants, sans jamais oublier les deux petites filles qu'on lui avait prises et dont elle se demandait souvent ce qu'elles étaient devenues. Les années passèrent, jusqu'au jour où elle décida enfin de se confier à son mari. Ensemble, ils se lancèrent à leur recherche. Il leur fallut cinq ans pour les retrouver.

Les filles n'avaient en fait jamais été placées à l'adoption mais dans un foyer pendant un an, après quoi on les avait séparées : elles avaient été envoyées dans des orphelinats différents, l'une en province et l'autre à Dublin. Plus tard, elles atterrirent toutes les deux dans une laverie, Mary-Anne à Dublin, Ellen à Cork. C'est là que leur mère et leur beau-père retrouvèrent leur trace. La famille fut enfin réunie, après des années de séparation.

Alice était une autre travailleuse de la laverie. Sa mère était tombée enceinte à l'âge de dix-sept ans et, en tant que fille-mère, on lui avait conseillé de ne pas garder l'enfant : aucun homme ne voudrait d'une femme avec un bâtard. Après son accouchement, elle fut envoyée dans une institution rurale administrée par l'ordre des sœurs de Marie-Madeleine, et Alice dans un orphelinat de la capitale.

À douze ans, la fillette fut transférée dans une école religieuse et trois ans plus tard, en raison de ses nombreuses fugues, à la laverie. C'est à sa sortie du couvent et une fois installée qu'elle se lança enfin à la recherche de sa mère. Elle découvrit que celle-ci était décédée de la tuberculose plusieurs années auparavant, alors qu'elle était toujours prisonnière de la même laverie. Alice ne s'est jamais mariée et elle n'a pas d'enfants ; elle vit aujourd'hui dans un studio à Dublin et s'occupe de personnes âgées.

Il arrivait aussi que les plus jeunes soient prises en charge par des couples de civils pour, soi-disant, entamer une nouvelle vie. La réalité était autrement plus sombre. Ce fut le cas par exemple pour mon amie Mary, qu'un fermier et son épouse ramenèrent avec eux à la campagne. Au lieu de la vie familiale à laquelle elle s'attendait, Mary fut logée dans la grange et trima comme une esclave du soir au matin. À seize ans, elle tomba enceinte du fermier dont elle subissait régulièrement les outrages et fut jetée dehors. Elle retrouva le couvent pour les quelques mois qui la séparaient de l'accouchement. Son bébé naquit dans le foyer mère-enfant de l'établissement, et connut le même sort que les autres.

Mary réintégra la laverie quelque temps, avant de réussir à s'échapper pour de bon et à gagner l'Angleterre où elle se fixa et trouva un emploi. De retour en Irlande, elle se maria et eut un garçon et une autre fille. En 2002, après des années d'investigations avec l'aide de Barnardo son époux, sa fille et elle furent enfin réunies. Nous nous écrivons de temps en temps : Mary est heureuse, elle a trouvé le bonheur auprès de ses trois enfants et d'un homme doux et prévenant qui a su l'aider et la soutenir dans sa quête.

Des pensionnaires arrivaient toujours à s'échapper – temporairement –, avec toutefois des techniques différentes : il y avait celles qui se glissaient à l'arrière des fourgons de livraison et sautaient du véhicule en route, et celles qui attendaient patiemment, planquées près du portail, une occasion de se faufiler dehors. La découverte de leur disparition déclenchait un branle-bas général au couvent, mais on finissait par leur remettre la main dessus, que ce soit dès le lendemain ou au bout de quelques jours. À leur retour, les filles nous régalaient du récit de leurs aventures au-dehors, même si beaucoup avouaient leur peur de s'être retrouvées seules à l'extérieur – une première pour la plupart.

Je fis pour ma part deux tentatives d'évasion. Les contacts avec les familles étaient fortement découragés, or je n'aspirais qu'à une chose : courir retrouver ma mère – ce que je fis. Je n'étais même pas sûre qu'elle fût au courant de mon transfert et craignais sa réaction si elle constatait ma disparition inexpliquée de l'hôpital. Et si mon père avait décidé de me reprendre et que je n'étais pas au courant ? Mes cavales s'étaient toutes deux soldées par un retour à la laverie escorté par le policier qui m'avait ramassée. Mais au moins avais-je pu rallier la maison et prévenir ma mère de ma nouvelle situation.

Quand il y avait surcharge de travail, nous travaillions six jours par semaine, mais jamais le dimanche, jour du Seigneur. Ce jour-là, nous nous levions comme à l'ordinaire pour aller à la messe et prendre notre petit déjeuner, puis nous nous acquittions des corvées ménagères : faire la poussière, laver les dortoirs et les salles de bains. L'après-midi était consacré à recevoir les civils venus nous faire la morale à grand renfort de petites offrandes : médailles bénies, cartes imprimées de prières ou de psaumes au verso, etc. Ces visites étaient parfois accompagnées de musique et de danses celtiques traditionnelles.

C'est au cours de ces rencontres qu'un homme beaucoup plus âgé que moi se mit à me faire régulièrement la conversation. Il m'offrait des bonbons et des cigarettes, et lors de nos balades autour du couvent – nous avions la permission de sortir à condition d'être accompagnées –, il me posait des questions sur la vie à la laverie et semblait me porter un réel intérêt.

Cela dura ainsi quelque temps jusqu'au jour où, lors d'une de nos promenades dominicales, il m'entraîna vers la grande remise verte du domaine et, une fois à l'abri des regards, me renversa à terre. Là, il me bâillonna de sa main et me viola. Aussitôt qu'il eut terminé son affaire, je me dégageai et courus en direction du couvent, le visage baigné de larmes. Les filles accueillirent sans surprise mon récit ; je n'étais pas la première, au contraire. Ce genre de choses étaient monnaie courante au couvent.

— Pourquoi viennent-ils nous rendre visite, à ton avis ? conclut l'une d'elles, avant de me conseiller de ne rien dire, sous peine de me retrouver à l'asile.

Je me tus donc. Le visiteur en question ne me rendit

plus visite après cela, mais au bout de quelque temps, je ne sais plus combien exactement, je me mis à avoir des nausées et à être prise de vomissements matinaux. Puis cela s'arrêta et je me sentis bien à nouveau, avant de me rendre compte que j'avais forci et que mes habits me serraient. J'avais l'intuition que quelque chose ne tournait pas rond, mais l'idée d'être enceinte ne me traversa pas l'esprit une minute. Encore innocente, je pensai bêtement que j'avais pris du poids.

Mes premières règles étaient survenues peu de temps après mon arrivée au couvent. Ignorant totalement ce qui m'arrivait, je crus sur le coup être atteinte d'une grave maladie. Lorsque je mentionnai mes saignements à l'une des sœurs, celle-ci m'annonça qu'il s'agissait là de la marque de Satan, du signe de mon impiété. Ses paroles m'avaient pétrifiée. Je fus toutefois immédiatement renvoyée à la laverie, sans autre explication. Plus tard, j'avais confié ma peur de mourir à une de mes congénères, qui m'avait répondu d'un air amusé : « Oh, si c'est là ton seul malheur, crois-moi tu vas très bien ! »

Nous n'avions accès ni aux serviettes périodiques ni à aucun matériel hygiénique, malgré les allocations versées au couvent à cet effet. La même pensionnaire me montra comment rester aussi propre que possible en utilisant de vieux linges trouvés à la laverie, un système plutôt inefficace mais le seul dont nous disposions. Jamais nous ne nous moquions des taches de sang qui maculaient l'uniforme d'une camarade, nous pensions simplement qu'elle aussi subissait la malédiction du démon. Les nonnes, elles, ne saignaient pas de la sorte, c'étaient des saintes.

Personne, cependant, ne prit jamais la peine de m'expliquer le rapport entre ces saignements douloureux et la maternité, si bien que je me réjouis lorsque mes crampes mensuelles disparurent : c'était, assurément, la récompense de mon obéissance. Le ciel me tomba donc sur la tête lorsque, quelques mois plus tard, une des anciennes m'annonça de but en blanc :

— Tu vas avoir un petit !

— Où est-ce que je trouverais un petit ? objectai-je.

— C'est ce qui arrive quand on te fait ce qu'on t'a fait. Ne te tracasse pas, ça va aller.

J'étais abasourdie : je ne parvenais pas à comprendre que les sévices que j'avais subis pouvaient être à l'origine d'un bébé dans mon ventre. Consternation et terreur se mêlaient en moi. Quelque temps plus tard, une femme appartenant aux Légions de Marie me conduisit dans une sorte d'hôpital – un foyer mère-enfant – où un médecin m'ausculta et confirma que j'étais enceinte. Ni lui ni l'infirmière qui le secondait ne s'inquiétèrent de savoir comment cela s'était produit. On oublia en outre de me préciser par quelle voie le bébé sortirait. Je l'imaginai donc émerger de mon nombril, aucun autre orifice de mon corps ne me venant à l'esprit. À la fin de la consultation, je fus ramenée à la laverie où je repris le travail comme avant.

Deux mois plus tard, au bout de trois jours entiers d'agonie, je donnai naissance à une petite fille d'un kilo et neuf cents grammes, un mois avant mon quatorzième anniversaire.

7

Annie, mon beau bébé

Hier, j'ai pleuré
Hier, j'ai pleuré
Pleuré d'être si seule et malheureuse,
Pleuré pour toutes les fois où l'on m'a fait du mal,
Pleuré pour tout le temps passé dans cette chambre
J'étais démunie, déboussolée.
Pleuré
Pour toutes les horreurs endurées
Pleuré
Lorsque j'ai enveloppé mon petit bébé dans une couverture et l'ai caché dans l'armoire
Pour le mettre à l'abri et au chaud
Mon cœur cognait dans ma poitrine, j'avais la peur au ventre,
Qu'allais-je bien pouvoir faire d'elle ?
Je ne voulais pas qu'on la trouve
Je savais ce qu'on lui ferait
J'étais une enfant moi-même et dans mon innocence
Je croyais pouvoir la protéger de ces êtres ignobles.
Pleuré.

Pleuré pour toutes les fois où l'on m'avait abusée
Pleuré
En repensant à mes tendres années
Et à tout ce qui m'était arrivé
Pleuré. Pourquoi moi ?

Ma chère petite Annie,

Mon adorable petite fille aux cheveux blonds et aux yeux bleus. Oui, tu étais une vraie petite merveille. Si jolie, avec ta peau si douce. Avec tes dix petits doigts, et tes dix petits orteils. J'étais moi-même une enfant à treize ans, et je les comptais et les recomptais avec émerveillement. J'ignorais comment m'y prendre avec toi, mais j'ai vite appris. J'avais de la chance sans en avoir : oui, tu étais malade, mais tu n'irais pas en Amérique. Les bébés malades, ils n'en voulaient pas là-bas.

J'étais si heureuse ! Non pas que tu sois malade, mais que tu n'embarques pas sur leur gros bateau. Comment imaginer une seule seconde mon beau bébé vendu pour quelques sous ? Je me souviens de la première fois où je t'ai habillée, de ta jolie robe en coton trois fois trop grande qui t'arrivait aux orteils. Elle était blanche et se nouait dans le dos. Tu avais un lange blanc en guise de couche, auquel il fallait donner plusieurs tours, et une culotte en plastique qui s'attachait sur les côtés. Un petit gilet et un bonnet, plus une couverture pour t'emmitoufler. Une fois que j'eus pris mes marques, je fus si heureuse de t'avoir, je croyais mes craintes envolées ; mais c'était une illusion, mon esprit était simplement rempli de toi. En réalité, mes frayeurs empiraient chaque fois qu'une nonne passait devant ma porte, car je pensais qu'elle venait te prendre. Alors je me précipitais vers l'armoire pour te cacher. Comme j'étais naïve. Chaque fois je pensais qu'ils venaient pour toi, mais ce n'était jamais le cas. Pourtant, la peur ne me quittait pas. Un ou deux bébés partaient régulièrement, vers ce fameux bateau en partance pour l'Amérique, vers cette nouvelle vie qui ferait d'eux des gens bien. Du moins était-ce ce qu'elles prétendaient. Ces sales nonnes.

Toi, Annie, mon beau bébé, tu n'es pas partie. Les semaines et les mois ont passé et tu es restée. Tout le monde t'adorait. Tes premiers mots nous firent toutes rire, tu étais si amusante. Et quand tu t'es mise à marcher à quatre pattes, on aurait dit un petit jouet mécanique qu'il fallait remonter.

Puis tu as fait tes premiers pas, en tombant plus souvent que la moyenne. Les filles t'adoraient, elles disaient que tu étais mon portrait craché. Je t'ai appris à chanter et à danser, tu connaissais tellement de choses. Nous te gardions à tour de rôle, nous refourguant les unes aux autres, suivant les circonstances, le grand panier où tu reposais. Tu te régalais ! Je t'habillais comme une princesse. Normal, tu étais ma petite princesse à moi. Tu as toujours été d'une santé délicate et mal portante, mais cela ne t'arrêtait pas. Tu étais l'enfant d'une jeune fille qui avait connu l'école religieuse, l'asile psychiatrique et la laverie : une battante. Ton caractère aimable et docile te faisait aimer tout le monde, et les filles te le rendaient bien. En grandissant, tu réclamais souvent que nous chantions, nous entendre te ravissait. Nous te fredonnions cette chansonnette, inventée rien que pour toi :

Sur le gros bateau, les bébés s'en vont,
Mais toi, veinarde, tu n'y vas pas,
Ah ah ah !

Tu étais notre rayon de soleil, ma joie de vivre. Je t'aimais et tu m'aimais en retour. Nous appartenions l'une à l'autre. Tu connaissais toutes les prières et les comptines que je t'avais apprises. Tu étais une enfant douce et attachante qui touchait le cœur de ceux qui la rencontraient. Ta santé continua de décliner avec les années et, celle de tes dix ans, tu perdis finalement la bataille et quittas ce monde. Non pas pour voguer vers l'Amérique, mais pour rejoindre des cieux d'amour et de bonheur, exempts de toute souffrance et de toute douleur.

Voilà ton histoire, Annie, ma magnifique petite aux cheveux d'or et aux yeux bleus, ma joie.

Ta maman qui t'aimera toujours,

Kathy.

L'accouchement fut pour moi un véritable supplice ; j'étais jeune et je n'avais aucune idée de ce à quoi m'attendre – et surtout personne à mes côtés pour me soutenir. Je n'étais même pas assistée d'une sage-femme ou d'un docteur, mais simplement livrée aux mains des religieuses dont une, lorsqu'elle fut fatiguée de mes hurlements, enfonça carrément le bras pour aller chercher le bébé.

Quand Annie sortit enfin, je me rappelle avoir dévisagé cette créature couverte de sang et d'impuretés violacées, fripée et reliée à moi par une espèce d'horrible cordon. Les seuls bébés que j'avais jamais vus autour de chez moi étaient toujours toilettés et vêtus des jolis habits que leur achetaient leurs mamans. Cette chose dégoûtante en train de brailler m'horrifiait.

Une fois que le cordon fut coupé et qu'on l'eut un peu nettoyée, Annie ressemblait déjà plus à un bébé, et je me revois en train de compter et recompter ses doigts et ses orteils pour m'assurer que le compte était bon ; on m'avait prédit un enfant du démon et j'appréhendais une malformation quelconque. Force était de constater que mon bébé était parfaitement normal.

Je sus par la suite que ce n'était pas tout à fait le cas : ma petite fille était née avec une maladie rare des intestins. L'esprit embué par la douleur, je n'avais tout d'abord pas remarqué le gonflement anormal de son estomac. Quelqu'un daigna finalement m'informer de l'affection qui touchait son estomac et ses poumons, mais personne ne semblait capable de l'identifier ni de la traiter. En résumé, me fit-on comprendre, la santé de mon bébé excluait l'adoption, il resterait à la charge des religieuses.

Passé le choc, cette nouvelle me remplit de joie. Annie et moi passâmes ses trois premiers mois ensemble à la maternité du couvent. J'avais l'impression de jouer à la poupée, même si ce n'était pas de tout repos.

Les premiers temps, les nonnes me forcèrent à allaiter, mais je trouvais écœurant qu'un enfant se nourrisse au sein. Dans mon esprit, cette partie de mon corps était directement associée aux attouchements que j'avais subis, aussi prétextai-je qu'Annie n'aimait pas ça pour que les nonnes la mettent au biberon. Le même problème se posait quand il s'agissait de lui changer sa couche. L'idée de la nettoyer à cet endroit, synonyme dans ma tête de perversion et d'avilissement, me perturbait fortement, et j'ai honte d'avouer que je la laissais hurler dans ses langes sales et détrempés des heures durant, jusqu'à ce qu'une sœur vienne s'enquérir de la raison de ce vacarme et me réprimande pour ma négligence.

Ceci mis à part, mon amour pour Annie était si profond qu'elle faisait intégralement partie de moi. Quand je venais la chercher à la nursery, je la reconnaissais sans la moindre hésitation parmi les dizaines de bébés emmaillotés dans les mêmes grenouillères – généreusement offertes au couvent par une grande entreprise. J'aimais cette odeur de bébé qu'elle dégageait quand je la prenais dans mes bras. Elle était si parfaite, semblait si innocente, j'aurais voulu toujours veiller sur elle et la protéger. Je restais des heures à la contempler pendant son sommeil, et ses premiers sourires, dont je pensais qu'ils m'étaient exclusivement destinés, me remplirent de fierté.

Ces trois mois défilèrent à toute vitesse. Il me semblait qu'Annie venait juste d'arriver quand on m'annonça que le temps était venu de retrouver la laverie. À cette nouvelle, mon sang ne fit qu'un tour et je menaçai de me supprimer si l'on me forçait à y retourner. Mais les nonnes parvinrent à me faire fléchir en arguant qu'Annie serait mieux soignée au foyer mère-enfant, et que j'aurais la possibilité de lui rendre visite n'importe quand – ce qui était bien évidemment un mensonge.

Je retournai donc à mon labeur quotidien, ne vivant que pour les week-ends où je pouvais retrouver ma petite fille. Annie, cependant, ne m'oubliait pas, et quand elle prononça ses premiers mots, je lui appris à dire maman.

Peu de temps s'était écoulé depuis mon retour à la laverie quand on me transféra sans explication dans un foyer placé sous contrôle de l'Église. Laisser Annie fut un crève-cœur, mais c'était le cadet de leurs soucis.

Une assistante sociale me conduisit dans ce nouvel établissement, plus petit que l'immense couvent, régi par cinq travailleurs sociaux et leur supérieur, un membre du clergé. Une vingtaine de pensionnaires vivaient là, qui profitaient de bien plus de liberté que nous n'en avions à la laverie. Certes il fallait s'acquitter de tâches ménagères, mais notre peine était sans comparaison avec la façon dont on nous exploitait à la laverie.

Malheureusement, mon arrivée fut suivie de celle d'une nouvelle employée, une véritable gorgone. La rumeur disait qu'il s'agissait d'une nonne reconvertie. Notre liberté, déjà limitée, se vit encore plus restreinte avec cette nouvelle venue : pose de cadenas sur les placards, nouveau règlement, etc. Elle fermait même la cuisine à clé dans la journée pour nous empêcher de nous faire un thé : c'était le Hitler du foyer. Elle ne ratait aucune occasion de nous punir : un gros mot vous valait une nuit entière dehors, sur le perron, et refuser d'obéir à un ordre, une interdiction de sortie d'une semaine.

Ulcérées par ces méthodes, mon amie Patricia et moi décidâmes de prendre la clé des champs. Notre escapade ne dura que quelques heures : nous fûmes vite rattrapées par la police, et en guise de représailles, envoyées dans une nouvelle laverie.

Les religieuses qui la dirigeaient se montraient bien plus aimables et le travail y était moins pénible. Cela ne nous empêcha pas de récidiver un mois plus tard, profitant de ce que les nonnes ouvraient les grilles au fourgon qui livrait le linge pour nous faufiler dehors. Cette fois-ci, notre cavale dura plusieurs semaines, au cours desquelles nous prîmes nos marques dans la rue, traînant dans le centre-ville la journée et regagnant le dépôt de bus de Summerhill la nuit. Souvent, nous devions attendre que tous les conducteurs aient terminé leur service pour nous y faufiler, ce qui nous obligeait à errer dans la grande O'Connell Street jusque bien après minuit. Il fallait voir la faune qu'on y croisait ! Une fois, un homme s'arrêta en voiture à notre hauteur et nous proposa de venir chez lui. Notre naïveté ayant déjà été bien entamée, nous prétendîmes que nous attendions quelqu'un. Je me demande parfois ce qui serait arrivé si l'une de nous l'avait suivi. Un autre hurluberlu nous demanda un jour par sa vitre baissée si Patricia et moi avions déjà connu des hommes. Ne voyant aucune réponse venir, il précisa qu'il y avait beaucoup d'argent à se faire si nous étions encore vierges. Il travaillait déjà, affirmait-il, avec d'autres jeunes filles et nous garantissait que rien ne nous arriverait. Sans attendre notre reste, nous prîmes nos jambes à notre cou.

À Summerhill le soir, nous retrouvions d'autres fugueurs, enfuis de chez eux ou, comme nous, de foyers d'hébergement. Les bus à cette époque ne disposaient pas de portes : nous grimpions dedans et nous balancions autour des barres en chantonnant, jusqu'à ce que la fatigue nous gagne. Alors nous nous allongions pour la nuit sur les sièges. Patricia et moi prenions d'assaut la banquette du fond et nous couvrions avec nos manteaux pour nous tenir chaud.

Les employés qui ouvraient le dépôt le matin ne nous créaient jamais d'ennuis. Je crois qu'ils avaient surtout pitié de nous et se doutaient de ce que nous avions fui. Il n'en fallait pas moins vider les lieux en même temps que le premier bus, à 5 heures.

Une fois dehors, nous redescendions O'Connell Street puis Dorset Street et franchissions le fleuve en direction d'une grande boulangerie située de l'autre côté. Là, nous nous glissions en douce dans la cour où des palettes de pains frais attendaient sagement d'être chargées par les livreurs, et fourrions une belle miche sous nos manteaux avant de déguerpir. À force, toutefois, les boulangers finirent par nous repérer, sans pour autant nous donner la chasse. Au contraire, un pain nous attendait chaque matin. Après notre étape à la boulangerie, nous reprenions le chemin de Dorset Street en direction du Fortes Café où les bouteilles de lait frais du jour attendaient sur le perron. Patricia et moi prenions une bouteille chacune. Je me rappelle encore la saveur onctueuse de la crème jaillissant de l'opercule en aluminium que je perforais de mon doigt.

Un peu avant 9 heures, nous regagnions Anne's Lane où, postées devant le bureau des probations, nous guettions le passage d'une assistante sociale que nous connaissions du foyer, une femme généreuse qui n'essayait jamais de nous renvoyer à la laverie mais nous donnait de quoi nous acheter à manger. Si nous avions la chance de la croiser, nous utilisions l'argent pour nous ravitailler au marché. Notre journée se poursuivait par un passage au centre d'accueil de jour de Ushers Island où il était toujours possible de prendre un thé pour se réchauffer, ou bien dans un abri qui servait à dîner pour un simple penny, même si vous ne possédiez pas ledit penny.

Nous connaissions toutes les combines et astuces pour nous nourrir à l'œil. Le Fortes Café était l'un de nos fournisseurs principaux. Après y avoir volé du lait le matin, nous y retournions souvent dans l'après-midi pour passer commande de quelques frites à la caisse extérieure, réservée à la vente à emporter : nous nous carapations aussitôt notre commande dans les mains et courions manger notre pitance dans le Jardin du Souvenir. Il ne fallut pas longtemps au propriétaire pour repérer notre manège, mais l'homme avait bon cœur. Il n'appela pas la police et nous laissa même squatter son café, allant jusqu'à nous offrir des frites et du thé à volonté.

Le salon de thé Bewley's, sur Westmorland, était une autre de nos cibles. Prétextant chercher une place, nous faisions d'abord le tour de la salle pour empocher discrètement les pourboires laissés sur les tables, puis nous commandions un café et une pâtisserie, et faisions en sorte de nous éclipser de la queue à la caisse au moment de payer. Mais la chance ne pouvait pas nous sourire éternellement, et l'on finit par nous prendre en flagrant délit. Ce jour-là, nous nous étions régalées d'un copieux déjeuner : tourte à la viande et aux rognons, café, meringue... le grand luxe en somme ! Tout ça aux frais de la princesse, quand la responsable se planta devant nous et posa ses deux mains bien à plat sur la table.

— Hé, toutes les deux ! Vous croyez que je ne vous ai pas vues commander puis filer en douce à chaque fois, nous dit-elle.

Patricia et moi niions de toutes nos forces,

invoquant une erreur, mais la bonne femme, qui nous avait visiblement surveillées avec attention, ne voulait pas en démordre.

— Si vous voulez remettre les pieds ici, il va d'abord falloir travailler pour rembourser une partie de ce que vous devez. Ensuite, vous pourrez me rembourser un peu chaque semaine, jusqu'à ce que nous soyons quittes.

Les protestations fusèrent à nouveau, mais elle nous traîna de force jusqu'à la cuisine et pointa du doigt une montagne de vaisselle empilée dans l'évier.

— Vous sortirez de cette pièce quand tout sera étincelant, annonça-t-elle avant de tourner les talons.

Patricia avait les larmes aux yeux rien qu'à regarder la hauteur de la pile ; moi-même, je n'avais jamais vu autant de vaisselle sale. Toute tentative de fuite étant superflue, nous relevâmes nos manches et nous mîmes à la tâche. Il nous fallut plusieurs heures pour en venir à bout, et nous finîmes les mains rouges et ridées par l'eau de vaisselle. Après cela, la patronne nous laissa venir aussi souvent que nous le souhaitions, en échange d'une petite somme par semaine. Son intérêt pour nous était sincère, ce qui explique qu'après mon renvoi forcé au foyer de jeunes filles, je lui aie souvent rendu visite le week-end avec Annie. Elle n'était jamais avare de jouets et d'habits pour la petite, et je suis convaincue qu'elle aurait aimé pouvoir la garder.

De temps à autre, nous prenions le bus jusqu'à l'hôpital St Vincent dans Elm Park, où nous profitions des toilettes pour nous laver les cheveux et nous débarbouiller. Plus tard, ce long trajet nous fut épargné, car nous fîmes la connaissance du couple qui dirigeait l'établissement de bains publics de Tara Street. Une fois qu'ils eurent connaissance de notre histoire, ils nous laissèrent utiliser les douches chaque fois que nous le souhaitions.

Se fournir en vêtements propres était une autre paire de manches. Cependant, nous étions devenues très habiles dans l'art du vol à l'étalage. Nos prises, chaussures et dessous compris, provenaient essentiellement du grand magasin Penneys, notre technique consistant à fourrer nos vieilles affaires sous les rayons avant de regagner la sortie l'air de rien. Nous ne savions pas encore que ces virées entraîneraient notre perte.

Nous parvenions aussi à grappiller quelques piécettes de-ci de-là en crochetant les téléphones publics, un truc que nous avait appris une des filles du foyer et qui nécessitait pour seul matériel une épingle à cheveux et un chapeau dans lequel faire tomber les pièces. Notre cible préférée était un vieux pub de Dorset Street : Patricia faisait semblant de parler au téléphone tandis que je relevais le clapet en fer et délogeais les pièces qui tombaient en silence dans le feutre. Notre butin en poche, nous décidâmes un jour de nous faire tirer le portrait dans le photomaton de la gare. Nous fîmes quelques clichés ensemble, d'autres séparément, fières de notre coup.

Continuant sur notre lancée, nous prîmes la direction de Penneys où nous avions repéré les nouveaux trench-coats qui faisaient fureur à l'époque : beiges, avec une ceinture et une fente dans le dos. Sitôt nos vieux manteaux enfouis sous l'étagère du rayon, nous regagnâmes la sortie, nos beaux impers sur le dos, et allâmes savourer un café et une cigarette chez Bewley's, faisant les belles dans nos trenchs trop grands.

Malheureusement, nous avions bêtement oublié nos

photos dans les poches de nos anciennes vestes, si bien qu'en quittant le salon de thé, nous fûmes cueillies par un couple d'agents. L'homme et la femme qui nous attendaient à la sortie nous emmenèrent au commissariat de Store Street, où ils nous présentèrent les pièces à conviction – vestes plus photos –, et nous demandèrent de décliner notre identité. Bien que les clichés fussent confondants, Patricia et moi niâmes d'abord avec entêtement. Nous finîmes toutefois par avouer les faits et indiquer d'où nous venions. Les policiers nous placèrent en garde à vue pour la nuit. Contre toute attente, ils nous autorisèrent à dormir sous une table dans les vestiaires, et non dans une cellule, poussant la gentillesse jusqu'à nous fournir couvertures, thé et sandwichs.

Le lendemain matin, on nous conduisit au tribunal pour enfants de Dublin, où nous comparûmes pour vol à l'étalage. Je fus d'abord stupéfaite de voir ma mère assise dans le public, puis très heureuse que la police l'ait prévenue après cette longue séparation. Mais il m'était impossible de lui parler depuis le banc des accusés.

À la suite des déclarations des officiers de police, le juge nous déclara coupables et ordonna notre renvoi au foyer de jeunes filles. Cependant, une des travailleuses sociales voyait les choses autrement : elle présenta au juge une lettre stipulant que le foyer était complet et recommandant à notre encontre une peine de « détention ». J'ai aujourd'hui en ma possession une copie de cette lettre. En voici un extrait :

« Nous pensons qu'une [détention] aurait pour bénéfice de faire prendre conscience à Kathy des limites de son comportement. Elle lui permettrait, à notre avis, de repartir sur de nouvelles bases...

Si Kathy devait faire l'objet d'une telle mesure, nous, [nom du foyer], serions disposés à travailler avec elle... »

Le juge accueillit cette suggestion avec enthousiasme, et annonça que Patricia et moi serions incarcérées pour une durée de trois mois à la prison de Mountjoy. Les yeux braqués sur ma mère, je vis son visage se froisser à l'annonce de la sentence, puis elle éclata en sanglots. Comment réagiriez-vous en apprenant que votre fille encore adolescente va être incarcérée dans l'une des plus grandes prisons pour adultes du pays ? Ma mère, elle, semblait dévastée. Patricia et moi étions affolées : Mountjoy était une prison bien connue à Dublin, à propos de laquelle nous avions entendu les pires rumeurs. On disait qu'elle ressemblait à un donjon sombre et imposant, où les prisonniers, enfermés dans des cellules exiguës, étaient nourris uniquement au pain et à l'eau. Nous ne pouvions croire à notre malheur, et nous fondîmes en larmes tandis qu'on nous faisait sortir de la salle.

On nous fit descendre dans une cellule au sous-sol en attendant le fourgon qui devait nous conduire à la prison, lequel n'effectuait que deux trajets par jour. L'attente fut longue mais les gardes qui nous surveillaient, visiblement peinés, nous apportaient régulièrement des paquets de chips et des cigarettes.

Quand l'heure arriva enfin, nous fûmes conduites au fourgon en compagnie des autres condamnées du jour. Le véhicule était équipé de fenêtres grillagées, si bien que je ne vis pratiquement rien de notre trajet à travers la ville vers notre nouvelle demeure.

À l'arrivée, chacune d'entre nous fut fouillée et dut

décliner son nom et sa date de naissance avant de passer à la douche. C'est là que la panique me saisit : me mettre nue était au-dessus de mes forces. La gardienne eut sans doute pitié de moi – sûrement parce que j'étais la plus chétive et la plus jeune du groupe – car elle me permit de garder ma culotte.

Passé cette épreuve, je suivis les autres à la réserve où je fus ébahie en découvrant le trousseau qui nous était attribué : six petites culottes, trois chemises de nuit, une paire de baskets, trois pulls, deux pantalons, des chaussettes, un duffel-coat, des draps, des couvertures et un oreiller avec sa taie, le tout flambant neuf ! C'était la première fois de ma vie que je possédais autant de vêtements rien qu'à moi, et le fait qu'ils fussent trop grands m'importait bien peu.

Les bras chargés de linge, nous fûmes ensuite accompagnées à nos cellules ; c'est là que je fus séparée de Patricia, les cellules étant individuelles. Elles étaient minuscules et fermées par des portes massives en fer, percées d'un judas. Le jour n'y pénétrait qu'à travers les barreaux d'une unique fenêtre aux vitres renforcées. Un des coins était occupé par un lit accolé d'un casier, un autre par une table et une chaise. Un pot de chambre était posé par terre en cas d'envie nocturne. Il y avait au mur un gros bouton rouge, exclusivement réservé, nous informa-t-on, aux urgences.

Je passai ma première nuit à pleurer et à geindre, seule et terrifiée dans ma cellule, au point qu'à la première heure le lendemain matin, les gardiens, fatigués de m'entendre, me transférèrent dans la cellule de Patricia. Le jour suivant, je reçus la visite de ma mère, très affectée par la situation dont elle tenait les employés du foyer de jeunes filles pour responsables et qui, disait-elle, lui brisait le cœur. Elle m'avait apporté les cigarettes qu'elle s'offrait avec les quelques sous que mon père lui accordait chaque semaine – je revois très bien le paquet, il en manquait deux qu'elle avait dû fumer. Mes larmes affluèrent à nouveau lorsque la fin de la visite arriva. Maman me rendit d'autres visites par la suite, dont elle profita pour m'apporter des habits neufs.

La vie à la prison était réglée comme du papier à musique. Les matonnes nous réveillaient chaque matin à 7 h 30 en tambourinant sur nos portes avec leurs trousseaux de clés, puis elles nous escortaient aux toilettes où nous devions rincer nos pots de chambre. Cela fait, nous procédions à un brin de toilette devant les lavabos, la douche n'étant de mise qu'une fois par semaine – sauf en cas de règles, où une douche supplémentaire était autorisée. Du coup, il s'élevait tous les matins des sanitaires une clameur de voix de femmes jurant avoir leur « malédiction ».

Après nous être lavées et habillées, nous descendions aux cuisines récupérer notre petit déjeuner que les matonnes nous faisaient prendre dans nos cellules afin de profiter du leur en paix. Au bout d'une heure environ, nous étions à nouveau autorisées à sortir, libres de nous rendre à la bibliothèque ou à la laverie. Nous étions de nouveau enfermées pour l'heure du déjeuner. Après le dîner, vers 19 heures, nous retrouvions nos cellules pour la nuit.

Aussi surprenant que cela puisse paraître, Mountjoy reste un de mes meilleurs souvenirs. Étant la plus jeune détenue de la prison, j'étais celle sur laquelle tout le monde veillait, matonnes et détenues confondues. Certaines filles, pour me taquiner, me reprochaient d'être la préférée des surveillantes, leur

« chouchoute ». En fait, la plupart trouvaient ma situation proprement révoltante.

Patricia et moi avions retrouvé à Mountjoy d'anciennes connaissances de la laverie et du foyer de jeunes filles. Sorties des griffes des nonnes, beaucoup d'entre elles étaient tombées dans la prostitution ou la petite délinquance, et purgeaient des peines de prison plus ou moins longues. En entrant dans la salle de détente le jour de notre arrivée, nous avions été accueillies par des cris de surprise : « Bon sang, mais qu'est-ce que vous fichez ici ? Il n'y a pas moyen d'aller quelque part sans que vous nous suiviez ! » Elles nous questionnèrent sur les raisons de notre condamnation et la durée de notre peine ; chacune avait une histoire à raconter. Les retrouvailles avaient apaisé nos angoisses.

Les filles qui avaient purgé leur peine retrouvaient souvent la rue en sortant. Elles n'étaient pas plus tôt dehors qu'elles envoyaient déjà une carte postale à leurs anciennes co-détenues avec le mot suivant : « On se voit la semaine prochaine ! » Elles se faisaient délibérément pincer pour retourner en prison – ce qui, si on comparait l'établissement à la laverie, n'avait rien de surprenant. De tout mon séjour, je ne fus pas une seule fois battue ni abusée, je portais des vêtements neufs et propres, faisais trois vrais repas par jour et bénéficiais de bonnes conditions d'hygiène – serviettes périodiques, savon, brosse à dents et dentifrice nous étaient fournis. C'est d'ailleurs à Mountjoy que je me servis d'un sèche-cheveux pour la première fois de ma vie.

De la même façon, le travail pénitentiaire et le travail en laverie étaient sans commune mesure. Les corvées étaient celles auxquelles j'avais été habituée depuis l'école religieuse, entre autres briquer le sol de nos cellules, soumis tous les matins à inspection. Mon cœur se gonflait de fierté lorsque la matonne concluait : « Kathy, je dois avouer que le sol de ta cellule est le plus propre de toute la prison de Mountjoy. » Je m'étais portée volontaire pour travailler à la laverie ; les gardiennes me faisaient nettoyer leur propre linge en échange de paquets de cigarettes et de petits gâteaux. Les plus attentionnées me disaient souvent que j'étais une gentille gamine qui n'avait rien à faire là.

Une autre de mes tâches consistait à nettoyer la cheminée du mess des officiers, situé dans un bâtiment indépendant de la prison – une vieille maison tout ce qu'il y avait de plus ordinaire. Durant mes trajets, chargée d'un seau de petit bois pour le feu, j'étais toujours accompagnée par la même matonne qui, une fois le feu allumé, me récompensait souvent avec quelques cigarettes ou des crackers.

L'après-midi, nous profitions d'avoir quartier libre pour disputer un match de foot ou de handball dans la cour, ou bien pour rester dans la salle de détente à jouer au ping-pong, écouter la radio ou regarder la télévision sur le poste en noir et blanc. Je me souviens d'une journée sportive qu'avaient organisée pour nous les matonnes. J'avais dans un premier temps refusé de participer, avant de me laisser convaincre par mes camarades ; j'avais remporté plusieurs médailles, ce dont j'avais tiré une grande satisfaction. Le soir, la journée s'était conclue par une cérémonie de récompenses. Des boîtes de chocolats et de biscuits accompagnaient nos médailles.

Dix-huit heures était mon moment préféré car c'était l'heure du dîner. Nos plateaux-repas étaient composés de tranches de bacon, de saucisses et de haricots en sauce que nous allions chercher aux cuisines. Nous pouvions nous servir autant que nous voulions et, comparé à ce que j'avais connu à la laverie et à la maison, c'était un délice ! Les portions étaient accompagnées de petits pains aux raisins chauds et nappés d'un glaçage au citron. Ils étaient deux fois plus gros qu'ailleurs et servis à volonté, avec du beurre et de la confiture. Nous avions en outre droit à des fruits et des légumes, complètement absents des repas à la laverie.

Le dimanche, jour de la messe, je veillais toujours à me tenir à distance du prêtre. Lorsque l'on m'assigna au nettoyage de la sacristie, la panique s'empara de moi au souvenir de mes anciens malheurs. Mes questions incessantes intriguèrent la matonne, qui m'assura finalement que je ne serai jamais seule avec le prêtre, ce qui me convainquit d'accepter le travail le cœur léger. Bien qu'elle fût ravie de mon travail, la curiosité de cette femme avait été piquée au vif. Elle finit notamment par me demander pourquoi, alors que j'astiquais méticuleusement chaque objet de la sacristie, je n'approchais jamais du calice. Je lui expliquai que je n'étais pas digne de toucher le vase sacré dans lequel le sang du Christ, sous l'apparence du vin, apparaissait miraculeusement lors de la bénédiction par le prêtre. Elle me regarda d'un air incrédule puis me dit : « Kathy, ce serait merveilleux si tu pouvais garder cette innocence. »

C'était une femme adorable dont la stature corpulente abritait un cœur d'or. Elle me demandait souvent de lui fredonner quelque chose, et me remerciait par quelques cigarettes ou des friandises. C'était ma matonne préférée, avec une autre, plus âgée, qui se plaisait à me raconter l'histoire de la prison, m'emmenant parfois dans les cellules où les anciens condamnés à mort par pendaison avaient passé leur dernière nuit. J'en avais des frissons et lui demandais souvent de me jurer qu'aucun condamné promis à la potence n'avait occupé ma cellule.

Je passai une grande partie de mon séjour à Mountjoy à la bibliothèque. C'est là que je pus consolider mes compétences en écriture et en lecture, ébauchées juste avant mon départ pour l'école religieuse. Les enseignants m'encourageaient et semblaient s'intéresser à moi. On pouvait pratiquement tout apprendre dans cette bibliothèque, y compris, en plus des matières académiques, le crochet ou le tricot.

En un mot, la vie en prison était cent fois mieux que la vie à la laverie. Le trafic de drogue, qui allait devenir le fléau de ces établissements, ne s'y était pas encore développé, et les autres détenues étaient dans l'ensemble plutôt gentilles avec moi. Ce qui ne veut pas dire que je ne luttais pas contre cette sensation constante d'étouffement et de piège que m'inspiraient les murs d'enceinte, si semblables à ceux de l'école religieuse. Ma répulsion était telle qu'il m'arrivait parfois de perdre totalement le contrôle de moi-même. Une fois, il fallut l'intervention de deux gardiennes pour me maîtriser. Ce jour-là, une matonne avait fait irruption dans ma cellule et m'avait ordonné de lui remettre le briquet que l'on m'avait vue cacher dans ma chaussure. Les briquets, en effet, n'étaient pas autorisés au sein de la prison et les détenues fumeuses avaient pour habitude de les dissimuler dans leurs chaussures ; c'était pour ma part une technique que j'employais déjà à la laverie. Il se trouvait cependant, une fois n'est pas coutume, que je n'avais rien sur moi ce jour-là. Mais la matonne refusa de me croire et voulut que je vide mes poches et que j'ôte mes chaussures et mes chaussettes devant elle. C'est alors qu'elle éteignit inexplicablement la lumière, sans doute pour me faire peur. L'effet sur moi fut immédiat : je devins hystérique, me déchaînant frénétiquement dans la cellule et me jetant contre les murs. La gardienne appela du renfort : deux de ses collègues se précipitèrent sur moi pour me maîtriser. Je ne dus mon salut qu'à l'intervention d'une autre matonne, qui m'aimait beaucoup et qui leur déclara : « Si Kathy affirme qu'elle n'a pas de briquet, c'est qu'elle n'en a pas. » De toute évidence, elle était la plus gradée des quatre, car les autres me lâchèrent aussitôt. Toutefois, celle qui était à l'origine de l'incident ne me pardonna pas cet affront et m'en fit voir de dures par la suite, menaçant à plusieurs reprises de faire un sort à mes cheveux pour me punir.

J'avais du reste beaucoup de mal à contenir l'esprit rebelle que j'avais développé au fil des ans, et qui continuait de me jouer des tours au sein de la prison. Tous les après-midi, par exemple, le règlement voulait que l'on regagnât nos quartiers en rang après notre petite récréation habituelle dans la cour. Pour chahuter, Patricia et moi décidâmes un jour d'aller nous cacher derrière les machines de la laverie, semant le trouble dans les rangs sitôt notre absence constatée. Un imposant dispositif de recherche fut mis en place, mais notre cachette demeura introuvable même à ceux qui fouillèrent la laverie. Lorsque nous jugeâmes le temps de nous découvrir venu, de lourdes conséquences s'ensuivirent : convocation devant le directeur et suppression de toute possibilité de libération anticipée. La sanction ne nous affecta pourtant pas le moins du monde. Au contraire, nous jubilions.

Une autre fois, je fus épinglée en plein trafic de cigarettes avec les prisonniers hommes, détenus à l'étage supérieur. Les échanges entre étages étaient une pratique courante. D'ailleurs, on pouvait voir de l'extérieur de la prison les cordelettes qui pendaient aux fenêtres des cellules. L'opération qui consistait à attraper la ficelle à travers les barreaux était néanmoins loin d'être aisée, car elle nécessitait de tenir en équilibre sur le rebord incliné de la fenêtre.

Ce jour-là donc, je faisais passer des cigarettes à un détenu nommé PJ. Nous faisions ça surtout pour rigoler, pour passer le temps, mais ce n'était pas du goût des matons qui prenaient la chose très au sérieux. Nous avions mis au point un signal d'alerte qui consistait à faire résonner nos conduits de tuyauterie en cas d'approche d'un gardien. Cette fois-ci, le système ne fonctionna pas. Je venais juste de dire à PJ de hisser la cordelette au bout de laquelle étaient accrochées les cigarettes quand une voix résonna de l'autre côté de la porte en fer : « Kathy O'Beirne, vous allez voir ce qui va vous arriver ! » et qu'une matonne surgit dans la cellule. De surprise, je tombai à la renverse sur mon lit, manquant me briser le cou de justesse. Surtout, je dus une nouvelle fois comparaître devant le directeur.

Mes problèmes intestinaux me faisaient toujours souffrir, et je fis de nombreux séjours à l'hôpital Mater Misericordiae de Dublin durant ma peine. L'avantage avec la prison, c'était que personne ne vous faisait subir d'interrogatoire ni ne refusait de vous croire lorsque vous réclamiez un médecin. Il n'y avait toutefois toujours aucune réponse quant à ce qui m'affectait, et toutes les analyses de sang et d'urine n'y changeaient rien. Mes crampes d'estomac étaient parfois si douloureuses que j'avais envie de mourir pour être enfin soulagée.

Nos trois mois d'emprisonnement arrivèrent très vite à leur terme. Comme d'habitude, j'avais perdu la notion du temps pendant mon incarcération, si bien que je fus très surprise lorsque un matin une matonne se présenta dans ma cellule et me pria de rassembler mes affaires en vue de ma « libération immédiate ». L'argent que l'on nous donna à notre sortie en rétribution de notre travail n'effaça pas la tristesse que j'éprouvais à quitter ce lieu et tous ceux qui m'y avaient montré de la considération. Tel ne serait certainement pas le cas à mon retour au foyer. Je fus prise de frissons en voyant l'éducatrice venue nous chercher ; j'étais libérée, mais pas libre pour autant.

8

Enfin libre ?

Seigneur, j'ai mal

J'ai dit : « Seigneur, j'ai mal. »

Et Il a répondu : « Je sais. »

J'ai dit : « Seigneur, je pleure sans m'arrêter. »

Et Il a répondu : « C'est pour cela que je vous ai donné les larmes. »

J'ai dit : « Seigneur, j'ai perdu l'espoir. »

Et Il a répondu : « C'est pour cela que je vous ai donné le soleil. »

J'ai dit : « Seigneur, la vie est trop dure. »

Et Il a répondu : « C'est pour cela que je vous ai donné vos chers anges. »

J'ai dit : « Seigneur, mon ange à moi est mort. »

Et Il a répondu : « J'ai vu le mien être cloué sur la Croix. »

J'ai dit : « Seigneur, ton ange à toi vit. »

Et Il a répondu : « Le tien aussi. »

J'ai dit : « Seigneur, où sont nos anges ? »

Et Il a répondu : « Le mien est à ma droite, le tien dans la lumière. »

J'ai dit : « Seigneur, j'ai mal. »
Et Il a répondu : « Je sais. »

(Adapté d'un poème anonyme placardé par *K. C. et Myke Kuzmic* sur le mausolée dédié aux victimes de l'attentat d'Oklahoma City.)

Il me restait encore deux ans à passer au foyer. Autant dire que le système me sortait par les yeux. J'avais été violée, battue, abusée de toutes les façons possibles : que pouvait-on me faire de pire ? C'en était fini des « Oui, ma sœur, non, ma sœur. Oui, mon père, non, mon père », ils pouvaient tous aller au diable ! Mon insoumission devint un état permanent. Je décidais quand travailler ou non et ne laissais personne me donner des ordres, ce qui au bout de quelques mois me coûta l'emploi que j'occupais à l'hôpital Mater Misericordiae. Cela me valait aussi de passer régulièrement des nuits dehors, sur le perron. Nous redoutions cette punition car le foyer était situé dans un quartier mal famé de la ville, et nous ne savions que trop les dangers qui guettaient les jeunes filles seules. Les habitants du quartier connaissaient cette pratique, et il y avait toujours des hommes pour venir nous rôder autour.

Il se produisit à ce sujet un drame que je n'oublierai jamais. Une des filles, Mousy, avait été comme souvent punie et devait passer la nuit sur le perron. Un peu plus tard, une autre fille et moi l'avions rejointe – pour quel motif, je ne m'en souviens plus – mais nous n'étions pas restées avec elle, préférant aller fumer une cigarette de l'autre côté de la rue. C'est à ce moment-là qu'un groupe de cinq hommes s'était dirigé vers Mousy, assise sur les marches, et avait commencé à l'importuner. Cachées sous un porche à l'abri des regards, nous les vîmes la traîner vers la petite rue que nous venions de quitter et la violer chacun leur tour. Quand ils en eurent terminé avec elle, l'un d'entre eux s'empara d'une bouteille qui traînait, en brisa le cul et enfonça le goulot dans Mousy. Nous observions la scène en priant de ne pas nous faire repérer, sachant pertinemment le sort qui nous attendait le cas échéant. Dès que les cinq hommes furent partis, nous courûmes à la porte du foyer, tambourinant à coups de pied et criant à l'aide. Ces salauds n'ouvrirent pas tout de suite, se contentant de nous observer par la fenêtre. Ils finirent par comprendre que quelque chose de grave s'était produit et ouvrirent enfin la porte. Une ambulance vint chercher Mousy ; ce fut la dernière fois que nous la vîmes.

Aussi sauvage fût-elle, l'agression de Mousy ne motiva même pas le personnel à mettre un terme aux punitions sur le perron. De toute façon, nous étions tout autant exposées au danger à l'intérieur du foyer. Le prêtre qui nous rendait visite était parfois accompagné de séminaristes, dont certains participaient aux petites sauteries organisées le week-end par et pour le personnel du foyer. L'alcool et la nourriture étaient financés par les allocations normalement destinées à couvrir nos besoins de la vie courante, comme les produits d'hygiène – dont bien évidemment nous ne voyions jamais la couleur. Quand ils étaient soûls, les hommes faisaient leur choix parmi les filles et les emmenaient dans une chambre où ils abusaient d'elles. Certaines d'entre nous se virent même contraintes d'assister à des soirées semblables dans une autre maison où habitaient ces mêmes connaissances du prêtre, et où les abus continuaient.

À leur majorité, les filles n'ayant nulle part où aller continuaient de loger au foyer, à la différence désormais qu'en tant qu'adultes elles n'étaient plus à la charge de l'État, qui suspendait leurs allocations. Bien évidemment, leur hébergement au foyer était loin d'être une faveur : le prêtre et les éducateurs exigeaient une compensation financière, et c'est ainsi que la plupart des filles se retrouvaient à faire le trottoir dans Baggot Street. C'était un fait notoire, et lorsqu'elles tendaient leurs trente livres de loyer au prêtre, on les entendait souvent dire : « Tenez, l'argent sale de votre loyer. Vous savez d'où il vient, pas vrai ? »

Les filles nous racontaient leur vie dans la rue, les passages à tabac par les clients et celles qui disparaissaient. L'idée qu'elles puissent laisser des hommes les toucher pour de l'argent était pour moi inconcevable et j'étais malade rien qu'à les écouter.

Personne, pas même l'assistante sociale qui travaillait au foyer, ne bougeait le petit doigt pour les sortir de là. Seules deux ou trois éducatrices soucieuses de notre bien-être les aidaient de leur mieux. L'ennui, c'était que le personnel du foyer était sans cesse renouvelé, ce qui ne laissait aucune chance pour que se noue une véritable relation de confiance.

Mes seuls moments de joie durant cette période étaient les week-ends au cours desquels je rendais visite à Annie dans son orphelinat religieux. Annie avait beaucoup grandi, et malgré ses problèmes de santé, c'était une petite fille exceptionnelle, jolie et intelligente. À l'occasion d'une de mes visites, je l'emmenai avec deux de mes amies au zoo de Dublin. À l'entrée, des poussettes étaient disponibles à la location pour la somme de trois pence, mais nous profitâmes d'un moment d'inattention du guichetier pour flanquer Annie dans l'une d'elles et passer sans payer. La journée fut très réussie, Annie était enchantée de voir tous ces animaux.

Je me rappelle une autre fois où j'avais emmené Annie au grand magasin de Thomas Street, Frawley's. Je flânais avec elle dans le rayon enfant, admirant les jolies tenues pour petites filles, quand la colère m'envahit : pourquoi ne pouvais-je pas en offrir à ma petite Annie, pourquoi n'y avait-elle pas droit elle aussi ? Je m'emparai alors d'une robe et d'une petite culotte à volants et la changeai aussitôt. Après m'être assurée que personne ne regardait, je fourrai derrière un comptoir ses vieilles nippes roulées en boule et regagnai la sortie avec un aplomb extraordinaire, la petite dans mes bras. À notre retour, les nonnes ne purent manquer de remarquer ses nouveaux habits, mais aucune ne fit de commentaire. Mes amies aussi fauchaient des vêtements pour Annie de temps en temps. C'était un tel bonheur de la voir porter autre chose que les affreux habits cédés à l'orphelinat !

Mon amie Liz avait elle aussi rejoint le foyer et m'accompagnait fréquemment voir Annie ; elle adorait jouer avec elle et la petite l'aimait beaucoup. Une année, Liz m'envoya une carte pour la fête des Mères en signant « Annie » ; c'est la seule du genre que je possède.

Je n'avais pas revu ma famille depuis la dernière visite de ma mère en prison. La durée des entretiens y étant limitée, maman avait juste eu le temps de me demander comment allait Annie et à quoi elle ressemblait. À présent que j'étais en foyer, mon père me fit un jour l'honneur d'une visite, accompagné de maman. Nous nous assîmes dans la salle de détente pour bavarder – de tout et de rien. J'attendais désespérément qu'ils mentionnent Annie, mais rien ne venait et je ne comprenais pas pourquoi ma mère ne me posait aucune question sur elle. En apprenant leur venue, je m'étais plu à croire que mon père me proposerait de rentrer à la maison avec elle. Quand je pris finalement mon courage à deux mains et lui posai la question, il me répondit : « Pas de bébé dans ma maison », et ce fut la fin de la discussion. Ma mère avait si peur qu'elle ouvrit à peine la bouche, et ils se levèrent pour partir peu de temps après.

Je ne sais par quel miracle de la pensée mon père parvenait à concilier dans son esprit le fait que sa fille fût placée sous l'autorité des religieuses et qu'elle eût en même temps accouché d'un bébé à l'âge de treize ans. Se doutait-il de ce que j'avais subi, ou bien le seul fait que je sois une mauvaise graine dont rien de bon ne sortirait jamais lui suffisait-il ? Je sais qu'il n'aurait jamais autorisé ma mère à en parler à qui que ce soit, de peur que le déshonneur s'abatte sur notre sainte famille. Et je n'eus jamais l'occasion de confier à ma mère les circonstances de la naissance d'Annie : le sujet était trop douloureux pour nous deux.

À compter de cette visite, je retournai plusieurs fois à la maison le week-end, suppliant à chaque fois ma mère de me reprendre avec Annie. Elle-même n'attendait que cela et m'assurait que mon père finirait par revenir sur sa décision. Toutefois, chacune de mes tentatives se soldait de la même manière : mon père entrait dans une rage folle et quittait la pièce en tapant du pied et en me hurlant dessus pour être sûr que j'aurais disparu à son retour.

Je n'en abandonnai pas pour autant tout espoir. Un

samedi après-midi – Annie devait avoir deux ans et demi –, j'allai la chercher à l'orphelinat et me présentai avec elle chez mes parents, toujours convaincue que mon père, par un coup de baguette magique, changerait d'avis en la voyant. Ma mère tomba tout de suite amoureuse de la petite et s'émerveilla de notre ressemblance.

— Regarde comme elle est mignonne ! fit-elle à mon père pour tenter de le faire flancher.

Mais mon père ne voulait rien savoir et ignora complètement Annie.

Maman nous prépara du thé et un petit en-cas, notre visite la comblait de joie. Mais les réjouissances ne furent que de courte durée.

— Prends ta gamine et ne reviens plus jamais, annonça mon père, à peine notre goûter terminé.

Les larmes aux yeux, je me levai de ma chaise pour partir ; ma mère effondrée sanglotait. Que pouvions-nous faire d'autre ? Mon père avait parlé, rien ne semblait pouvoir le convaincre. Je pris Annie sur ma hanche et sortis. Le soir était tombé et il commençait à faire sombre. J'entrai dans un petit café que je connaissais et restai là un moment, essayant d'occuper Annie alors que j'avais le cœur en morceaux. Mon unique souhait était de pouvoir garder ma petite fille, pourquoi personne ne voulait-il m'aider ?

Me souvenant d'une amie qui habitait dans les environs, je partis sonner chez elle pour lui demander de nous héberger. Bien qu'elle semblât désireuse de m'apporter son aide, elle avait néanmoins trop peur de la réaction de mon père s'il venait à l'apprendre.

Annie et moi la quittâmes aux alentours de 20 heures. La petite toujours calée sur ma hanche, je pris le chemin de chez mon frère aîné qui vivait à un peu moins de deux kilomètres de là. Annie était très mignonne et marchait quand je ne pouvais plus la porter. Mon frère était sorti et nous dûmes refaire tout le chemin en sens inverse, un voisin nous ayant appris qu'il était parti au pub boire un verre. J'avais envie de pleurer. En arrivant à l'adresse indiquée, il me fallut encore trouver une bonne âme qui voulût bien aller le chercher pour moi à l'intérieur, car l'entrée était interdite aux mineurs. Mon frère n'en crut pas ses yeux.

— T'es pas folle de te balader avec une gamine dans les bras par un froid pareil, et à cette heure-ci ? Comment ça se fait que tu sois là, d'ailleurs ?

Je lui expliquai toute l'histoire.

— Papa a refusé que je garde Annie avec moi à la maison, et il m'a flanquée dehors, conclus-je.

— Tu sais bien comment il est, répondit mon frère, il a peur de ce que les voisins pourraient penser. On va attendre quelques jours, puis j'irai lui demander de vous accueillir.

Découragée, je repartis chez mon amie. L'idée de ramener Annie avec moi au foyer m'avait bien traversé l'esprit, mais je connaissais déjà leur réponse et, surtout, je ne voulais pas la mettre en danger en l'exposant à ces pervers.

Incapable de savoir quelle était la meilleure solution, je décidai vers 23 heures de retourner au pub. Mon manteau jeté sur les épaules, je m'accroupis sur une grosse pierre derrière l'abri de la cour, Annie sur mes genoux, pour attendre la fermeture. Rendue grognon par le froid et la fatigue, la pauvre se tortillait dans tous les sens en pleurant tandis que j'essayais de la calmer en la berçant.

À 23 h 30, le pub commença enfin à se vider et je

me précipitai tant bien que mal vers mon frère qui sortait avec sa femme, Annie hurlant dans mes bras.

— Bon sang, ne me dis pas que tu as attendu dans ce froid ! s'écria mon frère.

— J'avais pas envie de la ramener à l'orphelinat, répondis-je. Je veux rentrer à la maison avec elle.

— D'accord, tu sais quoi ? fit mon frère d'un air compatissant, va chez moi avec Annie et de mon côté je vais aller discuter avec papa.

Nous nous quittâmes donc devant le pub, et sa femme héla un taxi pour nous trois. Il était environ 1 heure du matin lorsque, pleine d'espoir, j'entendis mon messager rentrer. Mais il ne rapportait pas la nouvelle que j'attendais.

— Écoute, Kathy, j'ai vraiment fait tout ce que j'ai pu, annonça-t-il. J'ai parlé avec lui jusqu'à ce que ma voix se brise. Il ne vous accueillera jamais dans sa maison, toi et ta fille. Ce sont ses mots.

Mon cœur se serra douloureusement. J'avais tellement espéré un nouveau départ pour Annie et moi, et j'avais cru que sa maladie aurait fait une différence. Mais non, mon père demeurait le monstre sans cœur qu'il avait toujours été.

Le lendemain matin, il faisait un temps resplendissant. Mon frère et sa femme proposèrent de nous emmener en balade pour la journée, mais j'avais décidé de partir tôt : je ramenais Annie à l'orphelinat. De toute façon, mon père aurait trouvé le moyen de tout gâcher. Je repartis donc comme j'étais venue, en bus, mon bébé calé sur ma hanche. Une fois que j'eus déposé Annie, je repris le chemin du foyer.

Comme en prison, mes fréquents maux d'estomac m'obligeaient à des séjours répétés à l'hôpital où l'on me plaçait sous perfusion et sous traitements antibiotiques. L'infection chronique qui touchait mon abdomen ne trouvait toujours pas d'explication médicale. Elle continuait de me fatiguer et de m'amaigrir.

Préoccupée par mon état et voyant que les traitements ne donnaient rien, Marie, une des anciennes éducatrices du foyer avec laquelle j'étais restée en contact, décida de prendre les choses en main.

« Kathy, que dirais-tu d'aller à Lourdes ? » suggéra-t-elle de but en blanc un jour qu'elle me rendait visite.

La proposition me laissa pantoise, puis l'excitation prit le dessus : je n'avais jamais mis les pieds à l'étranger ! Surtout, je me demandais si j'allais connaître moi aussi une de ces guérisons miraculeuses dont nous avaient parlé certains pèlerins à la messe. Ma réponse ne se fit pas attendre et, en l'espace de quelques semaines, Marie avait réglé tous les détails.

Elle prit en charge tous les frais, y compris l'achat d'une valise à cadenas flambant neuve, et m'accompagna elle-même à l'aéroport le jour du départ. La veille, j'avais rendu visite à ma mère, qui avait été enchantée d'apprendre que j'irais voir la grotte de la Visitation. Je lui promis de venir dès mon retour lui faire le récit de mon périple.

Lorsque Marie m'avait proposé ce voyage, je m'étais figuré à tort qu'elle m'accompagnerait. Elle m'avait en réalité inscrite à un séjour organisé auquel participaient deux de ses amies, qui garderaient un œil sur moi durant le pèlerinage. Après m'avoir aidée à enregistrer mes bagages, elle me présenta aux amies en question, accompagnées de leurs filles respectives. Un autre groupe de jeunes participantes était également présent, et je me liai rapidement avec l'une d'elles, qui s'appelait Catherine. Nous nous installâmes dans un café et attendîmes notre vol en babillant d'excitation et en fumant.

L'heure du départ arriva sans que je m'en aperçoive, et avec lui le moment de dire au revoir à ma protectrice. J'avais l'estomac noué, mais Marie m'assura que j'allais bien m'amuser et promit de venir me chercher au retour. Notre petit groupe s'achemina vers la salle d'embarquement, puis s'engagea sur la passerelle. C'est alors que l'affolement me prit : je n'étais jamais allée dans les airs, et il était hors de question que cela change ! Une hôtesse de l'air tenta de m'adoucir.

— D'abord, je n'ai pas demandé à aller à Lourdes ! m'écriai-je, pleine d'ingratitude, plantée devant la porte de l'appareil. C'est la première fois que je monte dans un avion, balbutiai-je ensuite, je ne suis jamais allée nulle part de ma vie, et je ne monterai pas là-dedans !

L'hôtesse parvint à me calmer en m'assurant qu'il n'y avait absolument aucun danger et que je ne m'apercevrais même pas que nous volions ; je finis par me laisser convaincre. Comme Marie me l'avait recommandé, je pris place auprès de ma nouvelle camarade, Catherine. Sitôt installée, mes peurs furent ravivées par la présence près de nous d'un gros prêtre qui récitait un Pater en égrenant son chapelet. C'était, disait-il, une habitude qu'il avait chaque fois qu'il prenait l'avion pour Lourdes, afin que la Sainte Vierge veille sur les passagers du vol. Sa prière me donna l'impression de ne jamais devoir finir, et bien qu'il m'assurât qu'aucun avion pour Lourdes ne s'était jamais écrasé, son attitude éveilla en moi les pires craintes.

Catherine se révéla une compagne de voyage idéale.

Elle faillit me faire hurler de rire lorsqu'elle marmonna : « Ah merde ! Je croyais qu'on allait chanter, moi ! » en imitant le prêtre. Grâce à elle, je m'amusai tellement que j'en oubliai ma nervosité ; avant même que je le remarque, nous avions décollé. Fumer en cabine était encore autorisé à cette époque, et Catherine et moi jouions les ladies, nos cigarettes à la main.

Au bout de vingt minutes de vol, Catherine remonta le cache de son hublot et me laissa me pencher sur elle pour admirer le paysage : je restai ahurie devant le ciel bleu intense et le matelas blanc des nuages.

— On est en Islande ? demandai-je naïvement en me tournant vers elle.

Un fou rire l'empêcha de me répondre tout de suite.

— Nom de Dieu, Kathy ! Ce sont des nuages, pas de la neige ! s'exclama-t-elle quand elle se fut un peu reprise.

Mais elle n'était pas aussi rassurée qu'elle voulait le laisser croire. Quand l'avion entama sa descente, elle jeta un coup d'œil paniqué à l'extérieur.

— Tu veux bien aller dans le cockpit et dire à ce pilote d'y aller mollo ? me souffla-t-elle.

À l'arrivée, on nous fit monter dans une navette pour rejoindre l'hôtel. Durant tout le trajet, je gardai le nez collé à la vitre : tout était si nouveau, si différent... Je ne savais où donner de la tête. Cela faisait tellement de bien d'être loin de ma vie !

Une fois à l'hôtel, je restai médusée en voyant les porteurs s'occuper de mes bagages. Marie m'avait réservé une chambre simple, mais Catherine et moi nous entendions si bien que l'on nous installa finalement ensemble, pour notre plus grande joie.

Catherine était une chic fille : j'avais de la chance de l'avoir trouvée. Sa vie, appris-je au fil de nos confidences, avait été aussi difficile, sinon pire, que la mienne.

La nourriture de l'hôtel était exquise. Les repas se prenaient dans la grande salle à manger, et je me souviens en particulier de cette délicieuse crème glacée qui me fut servie le premier soir, avec des pêches deux fois plus grosses que celles de la maison. Catherine et moi fûmes encore comblées le lendemain matin lorsque le petit déjeuner continental que l'on nous avait proposé se révéla plus fameux encore que le copieux bacon-saucisses-tomates grillées traditionnel auquel nous nous attendions. À la place, la serveuse nous apporta des viennoiseries, certaines nature, d'autres sucrées, et du café servi dans des tasses aussi grandes que des bols. Catherine et moi n'avions tout d'abord pas compris que c'était à notre intention. Nous continuions d'attendre et observions les autres attaquer leurs assiettes en nous demandant ce qu'il était advenu de notre petit déjeuner, lorsqu'une de nos accompagnatrices vint nous trouver pour savoir ce qui nous arrivait. Nos explications la firent éclater de rire, puis elle nous précisa que notre petit déjeuner était devant nos yeux. Il n'y eut pas besoin de nous le dire une seconde fois.

Mon séjour à Lourdes dura six jours, pendant lesquels nous visitâmes les divers sanctuaires du périmètre sacré autour de la grotte. À Bartrès, la bergerie où la petite Bernadette gardait ses moutons était placardée de photos de nourrissons et d'enfants, d'ours en peluche, de tétines et de couvertures de bébé. J'avais moi-même apporté une photo d'Annie dans l'intention de demander sa guérison et l'épinglai dans le bois parmi les autres, avant de déposer un bracelet qui lui appartenait et de réciter une prière pour elle.

Nous visitâmes également la petite église où, nous informa-t-on, Bernadette avait fait sa première communion. Je me revois assise devant un somptueux vitrail bleu : les rayons du soleil perçant au travers inondaient l'espace de leur lumière chaude. Tout était si calme, si paisible ; mes soucis n'existaient plus.

La seule anicroche eut lieu durant notre visite au bâtiment des piscines. Après avoir fait la queue durant trois ou quatre heures – l'affluence était massive à cette époque –, on nous demanda de nous déshabiller au vestiaire et de revêtir les pagnes que les hospitalières nous tendaient. Me baigner était pour moi hors de question, et je déclenchai une telle scène qu'on accepta finalement de me laisser entrer dans l'auge en marbre avec mes vêtements, le pantalon simplement retroussé sur les chevilles. L'eau était si froide que j'eus le souffle coupé rien qu'en y plongeant les orteils. Après l'immersion, les hospitalières vous tendent une petite coupe en cuivre remplie de l'eau du bain – l'idée étant que celle-ci reste pure et potable malgré le flot continu de malades, et que la boire guérira le mal qui vous afflige. Pour ma part, je n'avais aucune envie de m'abreuver d'une eau qui avait vu passer autant de pieds étrangers, aussi je déclinai l'offre.

Aux parois de la grotte des apparitions étaient suspendues des centaines de béquilles et de cannes en bois, alignées sur des rangées entières, apparemment abandonnées là par les miraculés de Lourdes. Bien que je ne ressentisse pour ma part aucune guérison extraordinaire se produire durant mon pèlerinage, il y avait un fait indéniable : jamais je n'avais été aussi apaisée et sereine qu'à Lourdes. La confusion avait toujours régné en maître dans mon esprit, et celui-ci goûtait pour la première fois au calme et à la tranquillité. C'était une sensation merveilleuse, et j'aurais voulu qu'elle dure toujours.

Le soir du troisième jour, Catherine et moi décidâmes de parcourir le chemin de croix, ponctué à chacune de ses stations de groupes de statues grandeur nature. Ayant entendu dire que certains pèlerins l'accomplissaient pieds nus en guise de pénitence ou de supplication pour la guérison d'un proche, nous voulûmes faire de même et prîmes le départ sans chaussures ni chaussettes. La marche s'avéra plus longue que nous ne l'avions prévu. Le sentier pédestre graveleux et rocailleux nous écorcha les pieds, qui finirent à l'arrivée couverts d'ampoules et de coupures. Mais le spectacle fut pour moi inoubliable.

Dans l'ensemble, le séjour fut donc très réussi. Catherine et moi étions devenues inséparables, toujours fourrées ensemble dans un endroit ou un autre de la ville. De nombreux commerçants des boutiques de souvenirs et des cafés de la ville nous reconnaissaient. Un couple de propriétaires en particulier, Chantal et Henri, avait pris l'habitude de partager leur café et leurs petits gâteaux avec nous. Le soir venu, il y avait toujours un hôtel ou un autre pour organiser une soirée de chants, et Catherine et moi étions toujours les bienvenues. Tout le monde se montrait très gentil avec nous ; j'avais le sentiment de m'être trouvé une famille.

Je fus donc anéantie lorsque la fin du séjour arriva. Je passai le vol du retour en larmes, tout comme certaines de mes camarades. À l'arrivée à l'aéroport de

Dublin, je fus ravie de constater que Marie avait tenu sa promesse, et elle-même se réjouit d'apprendre combien je m'étais amusée durant le voyage. Elle me conduisit chez moi, où il était convenu que je passe la nuit avant de retourner au foyer. Durant le trajet, je brûlais d'impatience de tout raconter à maman et de lui offrir la timbale en argent que je lui avais rapportée. À mon retour au centre le lendemain, je ressentais encore un peu de cet apaisement intérieur que j'avais découvert pendant mon pèlerinage. Malheureusement, il ne subsista pas longtemps.

Je me souviens de l'été qui suivit mon retour de Lourdes. Alice et moi étions déchaînées et profitions de la moindre occasion pour nous échapper du foyer, affichant le plus grand dédain pour les punitions que cela nous valait. Nous attendions généralement au bout de la rue que le feu passe au rouge pour sauter à l'arrière des camions, voyageant ainsi dans la ville, passant d'un véhicule à l'autre toute la journée. Nous trouvions cela follement amusant ; aujourd'hui, je remercie le sort que rien ne nous soit arrivé.

À l'occasion d'une de ces escapades, alors que nous nous rendions en bus dans le centre-ville, nous entamâmes la conversation avec notre voisine de banquette, une dame charmante à qui nous racontâmes quelques bribes de notre parcours. Elle nous communiqua son adresse et son numéro de téléphone et nous invita à la contacter en cas de besoin : elle connaissait des femmes plus âgées qui étaient passées par les laveries. Il s'écoula quelques semaines jusqu'au jour où nous décidâmes de lui passer un coup de fil ; elle nous indiqua le chemin de sa maison. Alice et moi lui racontâmes nos vies devant un plateau de scones et de thé. Notre hôtesse faisait preuve d'une grande sollicitude et sembla particulièrement touchée lorsque je mentionnai Annie. Nos visites à cette dame devinrent ensuite régulières, jusqu'au jour où le prêtre du foyer nous trouva un emploi.

Il s'agissait de faire le ménage chez une femme médecin qui habitait dans une grande maison avec son mari et ses deux enfants. J'ignore ce que le mari faisait dans la vie, mais quoi qu'il en soit, il rentra un jour plus tôt qu'à l'accoutumée. Nous étions occupées à ranger la chambre des enfants lorsqu'il entra dans la pièce et referma la porte derrière lui. Il commença par nous faire du charme en disant que des filles aussi jolies que nous devaient sûrement avoir des petits copains. Il en arriva vite au fait : si nous nous montrions gentilles avec lui, il se montrerait gentil avec nous. C'était une rengaine que j'avais bien trop souvent entendue pour ne pas savoir ce qu'il avait en tête. Aussi, lorsqu'il tenta de me tripoter, je lui assénai un bon coup de genou à l'entrejambe. Il tomba à genoux avec un râle de douleur.

— Je plaisantais, les filles ! cria-t-il en nous voyant nous enfuir de la chambre.

Sa remarque ne nous arrêta pas et nous sortîmes de la maison sans même prendre nos vestes. Lorsque je m'en aperçus, j'en fis la remarque à Alice.

— Il peut bien se les mettre là où je pense ! répondit-elle.

En rentrant au foyer, nous allâmes directement trouver le prêtre pour tout lui raconter. Celui-ci, impassible, nous conseilla d'ignorer le mari et de retourner au travail dès le lendemain : il n'y avait pas de quoi en faire une histoire. Nous tentâmes d'alerter les autres membres du personnel, mais rien n'y fit – le prêtre était en fait un ami de la famille. Ni Alice ni moi n'avions l'intention de remettre les pieds dans cette maison, malgré les représailles dont on nous menaçait.

Nous reprîmes très vite nos vieilles habitudes, filant dehors à la moindre occasion. Maisie, la dame au thé et aux scones, fut ravie de nous revoir bien que notre récente mésaventure l'horrifiât totalement. Je me mis à lui rendre visite le week-end en compagnie d'Annie qui se prit d'affection pour elle et l'appelait « tatie Maisie ».

Mes journées chez Maisie étaient mes seuls moments de bonheur à cette époque. J'avais dix-sept ans et l'impression de ne disposer d'aucune perspective d'avenir. Qu'allais-je devenir après le foyer ? Je n'en avais aucune idée, tout me semblait dérisoire. Ma frustration grandissante était à l'origine d'accrochages fréquents avec les éducateurs. Un soir en particulier où je venais de me faire réprimander pour une broutille, je perdis tout contrôle et entrai dans une rage noire qui me fit passer les poings à travers plusieurs fenêtres du salon ; il fallut me transporter au Mater Misericordiae pour me faire recoudre. À la suite de cet incident, on m'envoya à l'asile psychiatrique, celui-là même où j'avais séjourné à l'âge de dix ans. Le choc en reconnaissant l'endroit me rendit complètement hystérique, au point que mes accompagnateurs durent me donner des sédatifs avant même que j'aie atteint la porte d'entrée.

Le jour suivant, je fus transférée dans un autre établissement psychiatrique, qui avait la pire réputation de toute l'Irlande. À peine arrivée, je fus jetée dans une unité fermée. Lorsque les portes se refermèrent sur moi, je crus que c'était la fin : je me voyais cloîtrée là pour le reste de mon existence. Pour la première fois de ma vie, je ressentis un désespoir absolu car je savais que je ne pourrais pas survivre à cet endroit. S'ils ne me relâchaient pas, décidai-je, je n'aurais pas d'autre choix que de me tuer.

Je fus reçue en consultation dès le lendemain par la psychiatre de l'établissement. J'avais décidé de tout dire de ce qui m'était arrivé : j'étais déterminée à tous les sacrifices pour me sortir de là, même déterrer les horreurs du passé. À ma grande surprise, mon interlocutrice écouta ma triste histoire, du début à la fin, et promit de m'aider. Pour la première fois, quelqu'un semblait écouter ce que j'avais à dire, entendre ce que je racontais. Je n'en revenais pas. Sur un ton placide, je répétai clairement que je me tuerais si on me laissait dans cet asile, et elle me jura qu'elle me ferait sortir. Elle me demanda même si je souhaitais poursuivre mes tortionnaires en justice, mais à cette époque une seule chose m'intéressait : sortir.

La psychiatre tint sa promesse et, deux jours avant Noël, j'étais dehors. Mon soulagement en quittant ces murs fut immense. Il était convenu que je retourne au foyer, mais à mon arrivée, une assistante sociale voulut discuter avec moi de l'éventualité de prendre un appartement toute seule : il était évident que mes relations conflictuelles avec certains membres du personnel posaient problème et « qu'il serait préférable pour tout le monde » que je quitte le foyer. Comme mon père ne me voulait toujours pas chez lui, la psychiatre se mit en quête d'un logement convenable où m'installer dans le quartier.

Elle finit par trouver un petit studio où Alice et moi emménageâmes ensemble. Les premiers mois, tout se passa très bien. Je pensais que ma majorité imminente me donnerait enfin cette liberté qui ferait connaître à ma vie une métamorphose immédiate et radicale. Je m'imaginais en mesure de faire ce que bon me semblerait, sans plus personne pour m'infliger remontrances ou punitions. Mais, comme je l'appris très vite, la liberté se paie au prix fort.

Les vingt-sept années qui se sont écoulées depuis apportèrent leur lot de cauchemars, certains pires encore que ce que j'avais pu connaître durant mon enfance. Le plus grand malheur de ma vie fut sans conteste le décès de ma précieuse Annie à l'âge de dix ans – une perte dont je ne pourrai sans doute jamais me remettre. Je laisse toutefois de côté les détails de cette période, car j'entends ici me concentrer sur les séquelles laissées par les traumatismes de mon enfance.

Après avoir passé des années à essayer d'échapper à mon passé, j'ai fini par comprendre que je n'avais nulle part où me cacher et qu'il n'y avait qu'une issue possible : affronter mes bourreaux.

9

L'après

L'enfant dedans

L'enfant dedans m'appelle au secours
Mais je ne sais comment faire pour l'aider
J'ai essayé plusieurs fois, mais c'est au-dessus de mes forces
Comme si je voulais au fond la laisser là
Et l'empêcher de sortir

Je veux la cacher aux yeux du monde
Que personne ne la connaisse
Parfois je me sens si cruelle
Comme si je niais son existence
Je voudrais qu'elle disparaisse

L'effacer de ma vie pour de bon
Tristesse et colère se mêlent contre elle, pourtant une partie de moi,
Mais je la vois comme une autre personne
Et me convaincs que tout ce qui est arrivé
Lui est arrivé à elle, pas à moi

Sa pensée ne m'inspire qu'horreur, douleur et chagrin
Aussi je la repousse
Hier, j'étais leur victime
Aujourd'hui, je suis la mienne propre

Quand je pense à elle ou que j'en parle,
Je ne fais pas que l'évoquer, je la vois devant mes yeux
Je vois la souffrance, la peur, la tristesse et les larmes
Mais je ne peux rien faire
La peur me paralyse, *elle* me paralyse

C'est après de longues années de déni et de refoulement que les fantômes du passé ressurgirent un jour où je faisais mes courses au supermarché. Un panier à la main, cliente ordinaire parmi les autres – retraités, mères de famille avec leurs enfants, adolescentes à la mine désinvolte, ouvriers venus acheter leurs sandwichs pour le midi –, je commençai à collecter mes produits habituels. Le magasin était éclairé, tout était normal, quand subitement une sensation de malaise me saisit, comme si je n'avais rien à faire là. Pourtant, je savais bien ce que j'étais venue trouver dans ce lieu : de quoi me ravitailler ! Mais le doute continua de s'insinuer dans mon esprit : que faisais-je là ? Je sentis mes mains devenir moites et la panique me gagner lentement. Une petite voix dans ma tête me disait : « Kathy, ne sois pas ridicule, tu fais juste tes courses », mais je sentais mon estomac se nouer.

Je remontai le rayon, mon panier toujours à la main, me répétant intérieurement que ce n'était qu'une journée ordinaire, avec des gestes ordinaires. En passant à hauteur des produits ménagers, une forte odeur de Javel et de désinfectant réveilla brutalement un souvenir oublié. Ma gorge se serra, mes yeux se fermèrent.

Mon cœur se mit à cogner dans ma poitrine tandis que la même petite voix intérieure me chuchotait que j'étais sale, que j'allais crever. Ma poitrine se gonfla dans un effort désespéré pour faire entrer l'air. J'étais en train de mourir, sans personne pour venir à mon secours ! J'étais en train de mourir ! Les gens autour de moi devaient penser que j'étais folle. À l'intérieur, je hurlais et criais à l'aide. Je cherchai un endroit où me réfugier, mais c'était trop tard, il m'avait retrouvée.

Il me demanda d'aller l'attendre dans la pièce attenante à la sacristie une fois que j'aurais terminé de tout ranger. Une des filles me mit en garde, mais que pouvais-je faire d'autre ? C'était le prêtre, et il m'avait dit qu'il m'aiderait à sortir si je me montrais gentille avec lui. Je savais ce que cette expression voulait dire, et tandis que j'attendais assise sur le rude banc de bois, dans cette pièce de la taille d'un cagibi, je sentis tous mes muscles se raidir de peur. Terrifiée et anxieuse, j'attendis le bruit que je redoutais tant.

Il se fit entendre dès la fin de la messe. Le bruit de ses pas faisant craquer les marches qui descendaient à la sacristie. Puis le clapotis de l'eau sur le savon tandis qu'il lavait ses mains répugnantes. Puis le froissement de sa soutane. Les pas arrivèrent derrière la porte qui s'ouvrit. Il se planta devant moi, je tremblais comme une feuille. Mes yeux étaient fixés sur sa grosse main velue qu'il leva et posa sur ma tête.

— C'est bien, tu es gentille, chuchota-t-il. Je vais

m'occuper de tout. Tu vas rentrer chez toi et retrouver ta maman. Mais d'abord, sois gentille.

Je fermai les yeux pour ne pas voir sa main qui me caressait les cheveux descendre sur ma poitrine puis s'insinuer sous ma jupe. Le bruissement de son autre main était audible sous sa soutane. Mon esprit fit brutalement barrage, impuissant toutefois contre l'odeur nauséeuse du savon détergent et des relents de vin de son souffle à présent saccadé.

Ses doigts me faisaient mal. Le froissement de sa soutane et le rythme de sa respiration roulaient dans mes oreilles comme le tonnerre, puis se calmèrent subitement après un halètement final. Enfin, il toussota pour s'éclaircir la voix.

— Ça, c'est une gentille fille, sourit-il en ramenant la main sur ma tête.

Je l'entendis fouiller sa poche pour y prendre le mouchoir dont il usait pour s'essuyer, tandis que je restais sur le banc, grelottante. J'aurais voulu crier, hurler, mais rien ne sortait. Juste les larmes qui inondaient mes joues.

Mon panier gisait à terre, les provisions répandues sur le sol tout autour. J'étais complètement affolée et tremblais de tous mes membres, les pleurs baignaient mon visage ; mon cœur battait si fort que j'avais peur de faire une attaque. Je me mis à courir d'une allée à l'autre, incapable néanmoins de m'engager dans le moindre rayon. À travers le brouillard de mes larmes, les allées se confondaient toutes avec le couloir menant au dortoir.

Je courais, mais les bruits de pas continuaient de résonner derrière moi. Non, non ! criait ma voix d'enfant. J'atteignis la porte au fond du couloir, mais elle était verrouillée. Les pas se rapprochaient. Je tambourinai de toutes mes forces.

La caissière et les gens qui faisaient la queue à la caisse me fixaient comme une folle échappée de l'asile : j'étais en train de m'acharner sur une des barrières barrant la sortie entre deux caisses. Je repérai la sortie et me dirigeai vers elle en chancelant, sentant comme une main géante qui m'écrasait et m'empêchait de respirer. J'avançai la main pour déclencher l'ouverture des portes automatiques et déboulai sur la route, évitant de justesse une voiture. Le conducteur, forcé à un écart, me lança un « Pauvre cinglée ! » par sa fenêtre.

J'arrivai dans le jardin public près de chez moi, où jouaient les enfants du quartier. Il avait beau faire plein soleil, je ne voyais rien de ce qui se passait autour de moi, mon regard uniquement braqué sur ma porte d'entrée, à quelques mètres. Je voulais courir mais mes jambes semblaient plombées et j'avançai péniblement, à bout de souffle. La fillette coincée dans la sacristie appelait à l'aide à l'intérieur de moi, mais que pouvais-je faire ? Rien, c'était au-dessus de mes forces, même si sa peine et sa solitude me brisaient le cœur. Pourtant elle avait besoin de mon aide, et moi de la sienne.

Arrivée devant chez moi, je remontai l'allée cahin-caha et martelai la porte de mes poings. Aucune réponse. Une vague de panique me paralysa, le simple geste de relever la main m'était devenu impossible – de toute façon, il était inutile de frapper : j'habitais seule !

Prise de convulsions violentes, il me fallut une

éternité pour sortir la clé de ma poche et l'introduire dans la serrure. Quand la porte s'ouvrit enfin, je m'engouffrai à l'intérieur et la refermai aussitôt derrière moi, avant de me précipiter au salon et de m'écrouler sur le canapé.

Au bout d'un moment, mes palpitations se calmèrent et le rythme de ma respiration s'apaisa : la souffrance de l'enfant s'était dissipée, même si j'entendais encore ses pleurs étouffés résonner. Je me recroquevillai sur le canapé, elle sur le banc de la sacristie, et nous pleurâmes ainsi à l'unisson jusqu'à ce que nos larmes se tarissent.

Dans des moments comme celui-ci, je ressens une sensation aiguë de vide et d'absence, comme un enfant dont les bras tendus réclament un jouet perdu. J'ai envie de remonter le temps pour serrer dans mes bras cette petite fille et lui dire que plus personne ne lui fera de mal, qu'elle n'a plus rien à craindre. La soulager de toute la douleur et de la souffrance que j'entends à longueur de semaines et d'années, jour et nuit, dans sa voix qui jamais ne se tait et qui implore sans fin réconfort, amour et compréhension.

Quand j'essaie de l'approcher, je sais d'avance que ma tentative est vaine, car il lui est inconcevable que quelqu'un puisse l'aimer et vouloir son bien. Toute marque d'attention implique dans son esprit violences et abus. Personne ne l'a jamais aimée pour ce qu'elle était, c'est-à-dire une petite fille gentille et affectueuse ; elle n'a jamais servi à rien d'autre qu'à satisfaire des besoins pervers et dénaturés – conditionnée à croire qu'elle n'était que de la vermine indigne et misérable.

Elle me demande sans cesse ce qu'elle a fait d'aussi condamnable pour mériter le châtiment d'une telle existence ; la plupart des enfants n'ont pas enduré cela. *Pourquoi ?* me demande-t-elle, *cela n'a pas de sens !* Je lui réponds que je ne sais pas – pas encore, mais je vais trouver. Je le lui dois bien, et à moi aussi. Je trouverai quel genre de pays accepte que ses enfants soient enfermés et torturés avec autant d'ignominie. Pour le moment, je suis trop embrouillée, mais je lui ai donné ma parole que j'allais fouiller le passé pour faire la lumière sur son histoire. Je sais à présent que les nonnes avaient tort : je suis quelqu'un d'intelligent qui va faire quelque chose de sa vie.

Ce premier épisode fut suivi d'une spirale dépressive marquée par des sentiments de dégoût et de répugnance envers moi-même. Mon esprit était peuplé de pensées suicidaires : à quoi bon vivre si mon existence se résumait à cela ? Plus je songeais à la mort, plus je sentais l'omniprésence de mon bourreau, un vampire se repaissant de ma fragilité – qu'il avait lui-même causée. Lui n'avait pas payé pour son crime. Moi, en revanche, j'avais obtenu la condamnation à perpétuité, avec pour seule distraction jusqu'à ma mort – une délivrance que j'attendais avec impatience – les visites des fantômes du passé.

Une nuit, après que mes somnifères avaient fait effet, je vis en rêve ma magnifique petite Annie. Elle se tenait devant mes yeux, suspendue dans les airs et entourée d'un halo de lumière tel un ange, pure et sublime. Mon pauvre bébé pleurait, non pas des larmes de détresse mais les larmes familières d'une enfant qui réclame son biberon ou un câlin. Je me sentis submergée par un flot d'amour et de tendresse : l'enfer que j'avais connu n'avait pas réussi à me priver de mon petit bébé qui, avec ses grands yeux bleus, continuait de veiller sur moi et de faire barrage aux souvenirs traumatisants. Le sourire aux lèvres, comme n'importe quelle maman à l'appel de sa propre chair et de son propre sang, je bondis du lit pour rejoindre mon enfant, mais Annie avait disparu. Mon enfant m'avait été volée, pour être envoyée et vendue en Amérique ! Un hurlement jaillit du tréfonds de mon âme, et je me mis à asséner des coups de poing aux murs du dortoir, appelant à l'aide du regard. Mais il n'y avait personne pour m'aider : j'étais seule et mon bébé était parti. Gémissant de douleur, je me jetai contre le mur ; je voulais me faire mal.

Soudain, j'ouvris les yeux : je n'étais pas dans le dortoir mais par terre, dans ma chambre, en train de cogner contre ma commode en hurlant. Je m'arrêtai net. J'étais dans ma maison, et mon beau bébé était mort depuis bien longtemps. Engloutie par le désespoir, je m'effondrai au sol et restai là, gisante, jusqu'à ce que je parvienne enfin à me hisser dans mon lit, passant le reste de la nuit étendue dans le noir, les yeux grands ouverts.

C'était un désastre : j'avais fait tant d'efforts pour ensevelir le passé que je croyais y être parvenue. Et voilà que ma vie s'écroulait à nouveau. Je pense aujourd'hui que les blessures causées par toutes ces années de souffrance sont trop profondes pour pouvoir guérir un jour. Mon passé se catapulte dans mon présent sans crier gare et me surprend en pleine rue, au milieu de la foule. Il m'arrive parfois de ne pas pouvoir supporter les visages qui s'avancent vers moi, ces regards qui s'enfoncent en moi et me regardent comme s'ils savaient ce qui se passe dans ma tête. Alors je baisse les yeux comme quand j'étais petite et je fixe mes chaussures. Un jour, ce réflexe fit remonter un nouveau souvenir. J'avais comme d'habitude les yeux rivés au sol quand j'entendis une autre paire de pieds s'avancer dans ma direction. Le trottoir sur lequel je marchais était en béton, mais les pas résonnaient sur le plancher d'un escalier. Ma tête se mit à tourner, je m'arrêtai. Les gens continuaient de me dépasser en me frôlant tandis que je titubais comme une ivrogne. Mon sac glissa et je l'observai tomber par terre au ralenti, comme depuis une autre dimension. Mes muscles se raidirent, il m'était impossible de me baisser pour le ramasser. Je sentis alors l'accélération familière de mon pouls et une poussée de sueur et d'adrénaline. La paralysie gagnait tout mon corps.

J'entendis les pas dans les escaliers, chaque impact résonnant tel un coup de marteau dans ma tête. Lorsqu'il entra dans la salle de vie, le prêtre m'attrapa et se mit à me tripoter. Je le savais aussi farouche et capricieux qu'un enfant, son humeur pouvant basculer du tout au tout en une minute : d'abord doux et attentionné, intimidant l'instant d'après.

Il me parla sur un ton calme et poli : il me renverrait vers les miens, c'était promis, à condition que je fasse comme il me demandait et de n'en parler à personne. Tout irait bien. Mais je savais pertinemment qu'il mentait et surtout, je connaissais ce qui m'attendait : la monstruosité, les mains fouineuses, le souffle saccadé. Je n'étais qu'une enfant, comment me défendre ? Cela allait faire mal. C'était mal.

Mon corps se raidit. Je me mis à pleurer. Il n'y a pas de raison de pleurer, me dit-il. Comme j'avais été très gentille, j'allais bientôt rentrer chez moi ! D'un bond, je m'enfuis dans le couloir. Je ne voyais rien, mon cœur cognait à tout rompre dans ma poitrine. J'atteignis les escaliers, l'écho de ses pas derrière moi, et commençai à gravir les marches deux par deux. J'entendais sa respiration haletante dans mon dos, mais au moment d'atteindre le haut des marches, mon pied glissa et perdit sa chaussure. C'est alors que je sentis sa main agripper ma cheville et me tirer en arrière. Je parvins à me dégager et repris ma course en direction du dortoir.

Je franchis la porte et la claquai derrière moi ; la pièce était déserte. Je courus m'asseoir sur mon lit et enroulai mes bras autour de ses barreaux, tapant nerveusement du pied contre l'armature en fer. Il n'y avait aucune issue, aucun endroit où me cacher. Attendre, voilà tout ce que je pouvais faire. J'entendis d'abord la porte s'ouvrir puis se refermer, puis le bruit des chaussures de cuir qui foulaient le parquet. Je fermai les yeux et priai pour que l'obscurité se fasse, mais elle ne vint pas.

À la place, sa voix.

— Que s'est-il passé ? demanda-t-il, feignant de ne pas comprendre, tandis que je continuais de serrer les paupières, si fort que je crus que mes yeux allaient exploser.

C'est alors que je sentis sa main, plus du tout caressante mais brutale.

J'étais consciente de tout – du poids étouffant de son corps lorsqu'il se hissa sur moi, de sa main sur ma bouche, des brûlures que je ressentis à l'intérieur tandis qu'il me brutalisait. Je me consumais dans les flammes de l'enfer dont m'avaient si souvent menacée les nonnes. Pourtant, la damnation éternelle m'aurait été moins cruelle que ces quelques minutes. Le supplice prit fin avec un soubresaut sordide, suivi de l'habituel toussotement teinté d'embarras.

Je restai sans bouger tandis qu'il se retirait et sortait pour s'essuyer avec son odieux mouchoir, sur lequel apparurent des traînées de sang – il y en avait encore plus entre mes cuisses. D'une voix radoucie, il m'expliqua qu'il était un homme d'Église et qu'il me ferait sortir, mais qu'il faudrait me montrer gentille et garder pour moi ce qui se passait entre nous.

Je lui jetai un regard haineux.

— Je vais dire à ma maman ce que vous m'avez fait ! Je vais tout lui raconter !

Mais il savait qu'il n'avait rien à craindre ; il me demanda simplement de me nettoyer et d'aller retrouver mes camarades en bas. Il ouvrit la porte du dortoir et me laissa passer. Tandis que je descendais les escaliers, j'entendais l'écho de ses pas rebondir contre les murs, du sol jusqu'au plafond – pour l'éternité.

Mon sac à main était toujours à terre, et ce n'est qu'une fois soustraite à l'emprise de ma mémoire que je pus le ramasser. Les gens continuaient de me dépasser, en toute indifférence. D'un pas mal assuré, je me mis à déambuler dans les rues comme je le fais chaque jour – sans but, jusqu'à ce que je tombe d'épuisement.

Ce souvenir avait émergé après des années de refoulement. L'oubli est la seule arme dont dispose un enfant qui a subi des actes monstrueux : son esprit fait barrage, et il prie pour que ce qu'il a enduré ne se reproduise plus jamais. Si tel n'est pas le cas, il recommence l'opération autant de fois que nécessaire. Arrivé à l'âge adulte, l'enfant paie malheureusement très cher ce mécanisme de défense. Les coupables, eux, ont continué de mener leur vie : certains se sont mariés et ont eu des enfants, voire des petits-enfants, d'autres ont pris leur retraite après avoir consacré leur vie à l'Église et au Seigneur. La vieillesse ronge peut-être leurs corps. Moi, ce sont leurs actes qui me rongent. Ils s'éteignent paisiblement, mais moi je me meurs un peu plus chaque minute, chaque heure, chaque jour.

J'enrage intérieurement contre l'injustice et l'hypocrisie malsaine dont j'ai été victime, et je rêve parfois de vengeance et de châtiment. La nuit, je vois mes tortionnaires qui brûlent en enfer : leurs hurlements retentissent dans des cavernes rougeoyantes, tandis que leurs mains persécutrices et leurs membres répugnants rôtissent en grésillant, et que des bulles de chair bouillonnante apparaissent du sommet de leur crâne jusqu'à leurs orteils. Je les entends implorer la pitié de Satan ; celui-ci fait la sourde oreille et laisse échapper à la place un rire démoniaque. Il les fait tourner à la broche avec son trident et leur annonce qu'ils sont condamnés à la damnation éternelle pour avoir commis le pire péché de chair qui soit : le viol et la torture d'innocents.

Je vois le visage du prêtre pourléché par des flammes se reflétant dans ses yeux d'animal abject – qu'il plissait toujours avant de passer à l'acte. Il ouvre la bouche, ses dents telle une grille devant sa langue en train de rôtir, sa salive fumante dégoulinant sur ses lèvres cloquées et boursouflées. Il invoque mon pardon : moi seule ai le pouvoir de le délivrer de ce supplice sans fin, je pourrais le sauver en disant que rien ne s'est passé ! Je lui réponds que c'est impossible : mentir est un péché, c'est ce que lui et ses congénères nous ont appris. Il m'a condamnée au tourment éternel, pourquoi serait-il épargné ?

Derrière lui, le nez de la vilaine mère supérieure est en train de fondre au milieu de son visage ; elle aussi me lance un regard suppliant, elle aussi implore le pardon d'une pénitente, d'une pécheresse ! Voilà à quoi en est réduit le monstre qui a brisé mon enfance et m'a usé les nerfs en me promettant que je finirais là où elle est en train de griller. Le mot « miséricorde » se détache sur son front couvert de suie. Mais le pardon est un luxe que je ne peux me permettre : je lui présente un miroir et me repais de l'horreur qui se lit sur son visage. Je me réveille toujours à cet instant. Tout ce que j'entends alors est ma propre voix, implorant un pardon qui ne vient jamais. Je ne retire de ces vengeances imaginaires qu'une satisfaction éphémère : en réalité, je suis la seule à souffrir le supplice des damnés.

Certains jours – les « jours assassins », comme je les appelle – j'ai envie de m'acheter une arme et de descendre tous les prêtres et toutes les nonnes qui croiseront mon chemin. Mais je me raisonne vite : ils ne sont pas tous ainsi, seules les brebis galeuses sont à blâmer. On m'a souvent demandé comment j'avais fait pour garder la foi après ce qui m'était arrivé. J'avoue avoir du mal à me l'expliquer. J'ai songé tellement de fois que si Dieu existait vraiment, Il n'aurait pas permis que je souffre autant. Il m'aurait préservée, protégée ! Lorsque Annie est décédée, j'ai maudit Son nom. Pourtant, en dépit de tout, ma foi a survécu.

Je pense que je la dois à Notre-Dame. À l'instar de mes frères et sœurs, je fus consacrée à la Vierge Marie dès mon baptême, à l'âge de un an, et maman n'a cessé toute sa vie de me répéter que Notre-Dame me garderait toujours sous sa protection, quoi qu'il arrive ; même dans les pires moments, elle serait là pour m'aider. Je crois que la Sainte Vierge était pour ma mère une source d'inspiration – sans doute à cause de ce qu'elle avait enduré pour son fils. Ces images mentales m'ont aidée, assurément. Seulement, la foi n'empêche ni les cauchemars ni les flash-back.

Régulièrement, je me vois en rêve en train de courir dans de longs corridors, poursuivie par un tortionnaire quelconque. Si la scène se situe à l'hôpital psychiatrique, je sais que je vais trouver au bout du couloir la salle des électrochocs. Un jour, je suis passée près d'un abattoir devant lequel venait de s'arrêter un camion chargé de cochons qui couinaient à briser les tympans, comme s'ils connaissaient le sort qui les attendait. C'est exactement l'impression que j'ai tandis que j'avance en titubant le long du couloir, terrifiée : je suis un animal sur le point d'être égorgé. Je vois les patients qui ressortent de la salle et prie pour que l'on m'ait oubliée. Je hurle et m'époumone car j'anticipe déjà la douleur à venir. Je me balance d'avant en arrière comme le font les vieux patients de l'hôpital et m'efforce d'articuler un « Je vous en supplie ! » entre deux sanglots. Mais ce qui va se passer derrière cette porte close est inéluctable.

Ces souvenirs viennent me hanter telle une malédiction, il n'y a aucune issue possible. Les spectres du passé font la queue devant la porte de mon présent, *persona non grata* de mon subconscient. Qu'un simple nom me revienne en tête et je me retrouve projetée des années auparavant. Je n'ai jamais pu oublier Laura, par exemple. C'était une jeune fille adorable, et chaque fois que je pense à elle, je me rappelle aussitôt ce qu'un malade lui a fait endurer. Je regrette de n'avoir pu lui venir en aide, empêcher ce monstre de la brutaliser. Je revois encore parfaitement son visage, l'air mauvais qu'il portait. Il m'a fallu vingt-cinq ans pour réussir à prononcer son nom. Et à présent, je ne rêve que de pouvoir hurler sur tous les toits ce qu'il a fait : démolir, détruire Laura.

La disparition de cette amie a laissé dans ma vie un trou à jamais béant. J'y pense souvent, et elle apparaît fréquemment dans mes rêves. Je me vois longer une rivière, franchir un petit pont. En dépit de mon hydrophobie, mon regard est irrésistiblement attiré par l'eau sous moi, où des ombres de poissons ondulent parmi les roseaux. Soudain, les herbes s'écartent et laissent apparaître un bébé emmailloté qui me regarde les yeux grands ouverts, et je reconnais Laura. Son regard révèle un abîme de solitude tandis que la rivière se meut en un torrent de larmes, mais je ne peux toujours rien faire. Si je l'aide, je sais que je vais être aspirée moi aussi dans ce tombeau aquatique, dans les limbes. Alors je lui tourne le dos et m'enfuis par où je suis venue, mes jambes de plomb ralentissant ma course, les flots déchaînés grondant dans mon dos et sous mes pieds.

Au bout du pont, je vois une procession funéraire qui s'avance vers moi, composée d'un cortège de femmes en robes noires et portant des voilettes. Sous son haut-de-forme, un croque-mort sans visage et aux mains de squelette arbore un tablier de boucher maculé de sang, semblable aux draps que nous recevions à la laverie. Dans son dos, une pancarte : « Laverie Marie-Madeleine » et en plus petit, au-dessous : « La Pénitence ou la Mort ».

Le corbillard me dépasse au pas, et je vois Laura allongée dans un cercueil de verre, enveloppée dans un linceul blanc. Elle tourne la tête et tend les bras vers moi, ses lèvres remuent.

Sauve-moi, sauve-moi. Je t'en supplie !

Je suis emportée vers le corbillard et je hurle. En

relevant la tête, je discerne finalement le visage du croque-mort : c'est celui de la mère supérieure, laquelle brandit sa ceinture de cuir ensanglantée, prête à frapper. Laura m'agrippe par la taille de sa main glacée :

Aide-moi ! Aide-moi !

Je me réveille en hurlant ces mots, mais il est trop tard, je ne peux plus la sauver. Un cauchemar de plus, des semaines de dépression.

J'aimerais tant que tout s'arrête. Enfermer le passé dans une grosse boîte que je scellerais pour toujours. Je ramerais ensuite jusqu'au beau milieu d'un lac. Je balancerais la boîte par-dessus bord, lestée d'une ancre. Je regarderais les petites bulles d'air remonter à la surface tandis qu'elle sombrerait dans les profondeurs. Seulement, dans mon esprit, l'ancre se détache et la boîte retournée flotte sur l'eau, tel un cadavre débarrassé de ses poids qui remonte à la surface et vient confondre et hanter son meurtrier. J'ai envie de grimper au sommet de la colline qui surplombe mon lac imaginaire et de hurler, hurler jusqu'à ce qu'elle disparaisse.

Sans doute l'instinct de survie explique-t-il que je ne m'effondre pas, même si je m'étonne moi-même de supporter autant de stress. Certains jours – ils sont rares –, je vais bien. Un matin par exemple, alors que je venais de vivre des mois d'un profond et traumatisant marasme physique et mental, je me suis réveillée après une nuit reposante, fraîche et dispose. J'avais ce jour-là rendez-vous avec une amie pour déjeuner. Ce genre de choses me demandent beaucoup d'efforts, mais je m'accroche car je vois qu'ils sont récompensés. Ce jour-là donc, je sentis l'espoir renaître, la confiance revenir : combattre le passé n'était peut-être pas si insurmontable, pensai-je. Bien que consciente d'être à jamais polluée par mon passé, j'étais animée d'espoir, m'imaginant déjà dans un avenir proche en train de féliciter mon reflet dans la glace : *Bravo, Kathy, tu as réussi. Tu as recollé les morceaux de ta vie brisée !*

Mais cette bonne journée fut immédiatement suivie d'une très mauvaise, un vendredi noir. J'attendais avec impatience mon rendez-vous avec ma thérapeute dans la matinée ; je voulais profiter du fait que tout était bien en ordre dans ma tête – du moins le croyais-je – pour consacrer la consultation aux sujets qui me perturbaient encore. C'est pourtant ce matin-là que je fus de nouveau prise d'une attaque de panique. Une tempête d'images se mit à déferler dans mon esprit, me secouant tout entière. C'était plus que je ne pouvais en supporter. Je me répétai : *Comment puis-je arrêter tout ça ? Comment renvoyer tous ces terribles souvenirs là d'où ils viennent, les rayer de mon esprit, de ma conscience ?* Plus j'essayais, pire c'était. J'avais la sensation d'être penchée au-dessus d'un volcan en éruption, dont je savais pertinemment qu'il fallait que je m'écarte si je voulais survivre. Je restais néanmoins clouée sur place, à regarder se déverser la lave en fusion, aussi incontrôlable que le flot de mes souvenirs. Des pensées négatives m'inondaient à la vitesse du torrent de lave. *Tout est ma faute, je l'ai mérité. Pourquoi suis-je incapable de bouger ? Pourquoi me laisser dévorer par la lave sans broncher, comme si elle n'était pas réelle ?* Je voyais la rivière rougeoyante, je sentais son bouillonnement, je l'inhalais. La lave arriva jusqu'à moi et je sentis sa morsure brûlante ; mes vêtements, ma chair s'embrasèrent. Mais je continuais de nier sa réalité.

Les jours comme ce vendredi noir, je suis dans l'incapacité de supporter les pensées de cette petite fille qui refuse d'admettre ce qui lui est arrivé, comme moi-même je nie la progression du flot de lave dans ma tête. Dans ces moments-là, je lui en veux et l'accuse de n'avoir rien fait pour mettre un terme aux abus. Elle n'a pas toujours eu six ou huit ou dix ans ! Elle a eu treize, quatorze ans et malgré tout elle a continué de se laisser faire !

Ma colère d'adulte se retourne à tort et de manière injuste contre une enfant abusée sexuellement par des personnes qui avaient tout pouvoir sur elle, contre qui elle ne pouvait rien faire. Pourtant je ne peux m'empêcher de la blâmer.

À trois reprises, j'ai été tentée de me supprimer, me sentant incapable de faire face à ces émotions devenues insoutenables. À chaque fois, quelque chose m'en a empêchée. J'ignore ce qui me fait tenir, une certaine hargne sans doute. Et la haine. Peut-être ne sont-elles pas de si mauvaises émotions ? Si je me tuais, les monstres du passé l'emporteraient et seraient absous de toute responsabilité. Alors je m'accroche, en dépit des sombres pensées dont je n'arrive pas à purger complètement mon esprit, et des cauchemars et flash-back persistants. Le passé me fait l'effet d'un cancer qui me ronge, mais je suis bien déterminée à raconter mon histoire et à me battre pour que justice soit faite.

10

Les oubliées d'Irlande

Molly, ma tendre amie d'enfance
Je suis venue te voir aujourd'hui.
La solitude planait toujours sur ton visage
Pour parler, tu as chuchoté à mon oreille
Ton corps, une coquille vide
La joie dans tes yeux lorsque tu m'as vue !

Elle n'a pas duré, tu avais tant de choses à me raconter
La terreur t'habite encore
Ta souffrance est toujours vivace
Tu te méfies des oreilles qui traînent.
Je sais, moi, qui te traite bien et qui te traite mal.

Est-ce que l'un d'entre eux t'a écoutée ?
Ont-ils essayé de t'aider ?
Visiblement non.

Tu m'as montré ta chambre
Celle que tu occupes depuis si longtemps

Pas de lampe de chevet pour éclairer la nuit
Un lit froid et solitaire
Dans une chambre glaciale aux fenêtres grandes ouvertes
Ouvertes ou fermées, d'ailleurs, quelle différence ?

Ni magazines, ni fleurs, ni photos
Tu te ronges les sangs pour ton petit
Tu fais toute une histoire au moment où je pars
Pour fermer ta chambre à clé au cas où l'on te volerait
Et je me fais la réflexion : *Que possèdes-tu, Molly ?*

Je reste avec toi et nous bavardons un moment
Le passé est la première chose qui te vient à l'esprit
Encore et toujours, tu me fais le récit de ce que tu as subi
Et j'imagine l'enfer qui est encore le tien.

Pardonne-nous, Molly, toutes autant que nous sommes
Celles qui n'ont pas su parler, et celles qui n'ont pas été entendues
On nous a bannies, et les péchés du passé ont détruit la vie d'un être humain,
Toi, une autre enfant oubliée.

Personne ne te connaît Molly, et personne ne te connaîtra plus.
Tu es comme les gros titres d'hier, perdue et oubliée à jamais.
Cloîtrée dans un lieu lugubre et sans vie
Tu n'es qu'un de ces innocents internés abusivement

Et je me demande si le reste du monde est au courant
De ce que la sainte Irlande fait subir à ses enfants
Depuis deux siècles.

Bien que sortie du système à l'âge de dix-huit ans, et malgré mes efforts désespérés pour reléguer le passé aux oubliettes, une partie de moi-même ne pouvait se résoudre à abandonner mes camarades. J'avais grandi avec elles, elles étaient devenues ma famille ; ce que nous avions partagé nous liait de manière indéfectible. Fatalement, je perdis contact avec celles qui avaient réussi à s'en sortir ; mais d'autres étaient toujours internées en institut psychiatrique ou dans les laveries, et de celles-là je m'efforçais de garder la trace. Je leur rendais visite chaque fois que cela était possible.

Molly est l'une d'entre elles. Notre rencontre date de mon séjour dans l'unité pour enfants de l'hôpital psychiatrique. J'avais dix ans, Molly était plus âgée et vivait là depuis plusieurs années. Les séances régulières d'électrochocs avaient déjà laissé sur elle de terribles séquelles : la première fois que je la vis, elle était dans le couloir, assise dans un fauteuil roulant au milieu de l'indifférence totale du personnel et des autres patients. Je n'étais pas au centre depuis longtemps, et le spectacle de cette personne immobile, les yeux dans le vide, m'avait horrifiée. Avec le temps, je m'étais aperçue que Molly avait tout de même de bons jours où elle était en mesure de parler. Elle m'avait raconté le funeste parcours qui l'avait menée à cet asile.

Sa mère était décédée quand elle était encore très jeune, à la suite de quoi son père s'était remarié avec une femme qui refusa de prendre en charge ses quatre rejetons. Molly et ses frères et sœurs furent donc placés : les garçons à l'école industrielle, les filles à l'école religieuse. Quand elle fut en âge de travailler, Molly fut envoyée à la laverie. Comme nous toutes, elle avait été abusée durant ses années chez les nonnes, et expédiée à l'asile dès qu'elle avait ouvert la bouche. À mon tour, je lui avais fait le récit de mon histoire. et nos larmes s'étaient mêlées, avec toujours la même question : pourquoi personne ne nous venait-il en aide ?

Lorsque Molly réagissait mal aux traitements, elle était shootée et abandonnée dans le couloir sans que personne ne s'en soucie. Je m'efforçais donc de veiller sur elle et faisais en sorte qu'elle ait de quoi boire et manger.

Le sort voulut que je parte et que Molly reste dans cet institut encore plusieurs années, jusqu'à ce qu'elle soit transférée dans son lieu de résidence actuel, un autre hôpital psychiatrique. J'essaie de lui rendre visite le plus souvent possible. Son visage s'éclaire dès qu'elle me voit, et nous redevenons les enfants que nous étions, cherchant la moindre occasion de défier les autorités du centre. Je lui apporte des bonbons et des cigarettes, elle ne veut rien d'autre. Molly me raconte comment le personnel la traite et ses querelles avec les autres résidents ; elle évoque aussi beaucoup le passé. Il m'en coûte de l'écouter se remémorer les moments les plus pénibles de notre enfance. Les larmes me montent aux yeux dès que je l'entends me dire : « Pourtant, Kathy, on n'avait rien fait de mal ! Pourquoi nous traitaient-ils comme ça ? » Il me faut alors détourner la tête, car je n'ai pas de réponse.

Molly a une santé fragile et paraît plus âgée qu'elle

ne l'est réellement ; elle marche voûtée, les produits chimiques et les vapeurs nocives inhalés dans les laveries n'ont pas épargné ses poumons. Chaque fois que je dois repartir et la laisser dans cet établissement, le chagrin et la culpabilité m'assaillent. Je voudrais tant pouvoir la sauver et la ramener avec moi.

Je rêve d'acheter un grand pavillon à la campagne où je pourrais accueillir toutes mes amies des laveries, qu'on laisse croupir dans ces institutions révoltantes. Je rêve d'un foyer où elles seraient assistées d'un personnel compréhensif, tout en restant libres de leurs mouvements ; où elles n'auraient pas à demander la permission pour sortir dans le jardin ou fumer une cigarette ; où elles décideraient de l'heure à laquelle se coucher, dans un lit confortable aux couvertures douillettes ; où elles choisiraient leurs menus et n'auraient pas à demander pour se servir une tasse de thé. Je voudrais tant leur offrir cette liberté et un semblant de vie normale, avant qu'il ne soit trop tard.

Pour une d'entre elles, c'est malheureusement déjà le cas. J'espère de tout mon cœur qu'elle a trouvé la paix. J'avais rencontré Liz à l'école religieuse, à l'âge de huit ans. Bien qu'elle fût mon aînée, elle était plus petite que moi, le visage pâle avec de grands yeux bleus et des cheveux d'un châtain terne. Malgré sa petite stature et son corps frêle, Liz était d'un naturel jovial. Enjouée, elle savait trouver les mots pour me réconforter. Elle récitait admirablement la poésie et chantait comme un ange. J'avais été bouleversée quand elle avait disparu sans explication, mais nos vies semblaient suivre le même chemin car je l'avais retrouvée quelque temps après à l'hôpital psychiatrique.

C'est un jour où nous jouions dans les champs

derrière le bâtiment que Liz se confia à moi pour la première fois. Ma vie avait beau avoir été plus que tourmentée, écouter le récit de la sienne était presque insoutenable.

Après l'hôpital psychiatrique, le destin nous réunit à nouveau à la laverie, puis au foyer de jeunes filles. Nos retrouvailles furent à chaque fois une joie partagée, mais je perdis sa trace à son départ du foyer, pour quatorze ans.

C'est en 1992 que je reçus un appel d'une ancienne Madeleine avec laquelle j'étais restée en contact, m'annonçant que Liz venait d'être internée dans un asile de Dublin. Sa santé s'était gravement détériorée, et mon informatrice avait pensé que je voudrais sûrement lui rendre visite.

Je téléphonai sur-le-champ à l'hôpital pour convenir d'une heure de visite le jour suivant. La seule pensée de me retrouver là-bas me donnait la nausée, mais je ne pouvais pas abandonner Liz. Elle avait besoin de moi.

J'eus un véritable choc en voyant ce qu'était devenue mon amie, autrefois si jolie et véritable boute-en-train. Liz était d'une maigreur à faire peur et semblait souffrir le martyre. Dès qu'elle me vit cependant, elle accourut et se jeta dans mes bras :

— J'étais sûre que tu reviendrais pour moi ! Je t'aime, ma Kathy.

Nous allâmes nous installer dans la petite pièce réservée aux fumeurs. Dès que nous fûmes seules, Liz fondit en larmes.

— Kathy, je voudrais juste avoir une vie normale, gémit-elle. Sortir de cet endroit et être enfin libre et heureuse.

La voir ainsi fit aussitôt remonter les souvenirs de

nos jeunes années ensemble, et je m'effondrai en sanglots. Liz souleva alors son pull, m'offrant une vision d'horreur : son estomac était enflé de grosseurs qui bombaient sous sa peau. Je lui demandai ce qui avait bien pu lui arriver, pensant à quelque maladie, mais Liz m'expliqua que sa psychiatre avait fait appel à un chirurgien pour lui poser un petit treillis métallique à l'estomac (appelé endoprothèse ou stent en gastroentérologie). Celui-ci avait pour vocation, ajouta-t-elle, d'empêcher le passage dans son estomac des piles, entre autres objets, qu'elle avait la manie d'avaler et qu'il fallait jusque-là lui retirer en l'ouvrant.

Je comprends qu'un tel comportement puisse déconcerter. Il faut savoir que chaque victime d'abus réagit à sa manière, et que beaucoup sombrent dans des comportements autodestructeurs. Les traumatismes engendrés par les abus sexuels dont elle avait été victime avaient amené Liz à croire que la seule façon de se purger était d'être ouverte au scalpel, pour qu'on lui retire toute cette « saleté » qu'elle pensait avoir à l'intérieur.

Quoi qu'il en soit, quelque chose à l'évidence n'avait pas fonctionné avec la prothèse : Liz souffrait au plus haut point, et le personnel refusait de l'emmener consulter. Comme il était hors de question pour moi de la laisser dans cet état – et que je savais n'avoir aucune chance de la faire admettre dans un autre établissement –, je prétextai l'emmener faire un tour dans le parc pour la kidnapper. Nous parvînmes à franchir le grand portail de l'entrée sans être remarquées par l'agent de sécurité. Aussitôt de l'autre côté, je hélai un taxi, direction l'hôpital de Dublin.

Liz fut admise aux urgences, où elle fit l'objet d'une batterie d'examens. Ce que ceux-ci révélèrent horrifia médecins et infirmières confondus : la prothèse métallique, sur le point de perforer ses intestins, avait causé une dangereuse infection. Elle fut immédiatement mise sous perfusion et reçut une injection d'anti-douleurs, après quoi on la transféra dans un autre service pour la garder en observation. Lorsque le traitement commença à faire effet, je décidai de rentrer à la maison pour la nuit. Je promis à Liz de revenir le lendemain.

En passant la porte de sa chambre l'après-midi suivant, je sentis mes jambes se dérober sous moi : le lit de Liz était vide. Pensant immédiatement au pire, je courus, affolée, jusqu'à la salle des infirmières, pour apprendre que Liz avait été renvoyée au centre.

Prise d'une rage folle, je filai directement à l'hôpital psychiatrique et exigeai de la voir. Sa psychiatre vint me trouver et me chapitra vigoureusement sur ma conduite irresponsable, allant jusqu'à m'accuser d'avoir mis la santé de mon amie en danger. J'étais dans une colère noire et lui fis remarquer que je n'avais fait que l'aider, contrairement à eux, qui avaient ignoré ses plaintes. Je conclus en ajoutant que mes ennuis n'étaient rien comparés à ceux qu'elle aurait eus si Liz était morte par sa négligence.

La psychiatre balaya mes arguments, affirmant que Liz recevait d'excellents soins et qu'elle faisait l'objet d'un suivi attentif. Puis elle me menaça de m'interdire les visites si je semais à nouveau le trouble. Après tout, je n'avais aucun lien de parenté, précisa-t-elle ; Elizabeth leur avait été confiée, ils étaient seuls juges quant à ses traitements. Je savais que si je ne me taisais pas, cette femme n'hésiterait pas une seule seconde à me faire jeter dehors et à me refuser l'accès au centre. Je n'eus pas d'autre choix que de capituler.

À la suite de cette confrontation, je revins voir Liz à plusieurs reprises. Constatant que son état ne s'améliorait pas, je suggérai au personnel de lui retirer sa prothèse. La psychiatre s'en mêla une nouvelle fois, déclarant que ce n'était pas à moi d'en décider ; elle me fit comprendre que mes visites n'étaient plus souhaitables. Je traversais alors moi-même une période difficile et n'avais plus la force de me battre, aussi j'abandonnai la bataille. Je ne revis plus Liz pendant dix ans, bien qu'elle restât présente dans mes pensées.

Un jour de l'été 2004, alors que j'étais en route pour le cimetière de Glasnevin, je changeai subitement d'avis et pris la direction de l'hôpital psychiatrique, animée de l'envie irrépressible de revoir Liz. En dépit des années, celle-ci me reconnut tout de suite :

— J'ai tout de suite su que c'était toi ! s'écria-t-elle en se jetant dans mes bras. J'ai reconnu ta voix depuis le couloir.

Je retrouvai la Liz que j'avais quittée, le visage mangé par ses yeux immenses, la carrure d'un petit moineau. Il y avait toujours eu quelque chose de particulier en elle, comme une étincelle qui la faisait ressembler à une enfant débordant d'enthousiasme et d'affection, toujours prête à vous inonder de baisers et de câlins. Ce jour-là pourtant, elle avait le teint pâle et les traits tirés, et son petit corps nageait littéralement dans son pantalon de survêtement et sa veste en polaire.

Nous nous installâmes dans la salle des visites, où Liz me confia qu'elle avait toujours su que je reviendrais. Elle estimait que j'avais toujours été une mère pour elle et, chaque fois qu'une infirmière entrait dans la pièce, elle s'empressait de me présenter et ajoutait fièrement qu'elle et moi avions grandi ensemble.

Je repris mes visites, à un rythme régulier. Liz n'avait rien qui lui appartînt, aussi je décidai de lui offrir quelques jolis vêtements. Quand je lui demandai ce qu'elle préférait, sa seule réponse fut « un soutien-gorge ». Elle n'en avait jamais eu de sa vie – à vrai dire, elle n'en avait jamais eu besoin : comme moi, sa poitrine était minuscule. Sa mine émerveillée lorsqu'elle vit la pièce en coton, toute simple, que je lui avais choisie m'émut aux larmes : il fallait voir comme elle se pavanait dans la salle, arborant fièrement ses nouveaux dessous ! Je ressentais néanmoins beaucoup de colère en voyant comme il était facile de lui offrir un peu de bonheur, alors que sa vie n'avait été qu'une suite de drames.

Le sujet la bouleversait à chaque fois : « J'ai jamais rien fait de mal de toute ma vie. Ils m'ont brisée, alors que j'avais rien fait de mal », répétait-elle souvent. Et comme je me mettais inévitablement à pleurer, elle ajoutait :

— Non, Kathy, s'il te plaît, pleure pas. Je déteste te voir pleurer.

Son estomac continuait de la faire souffrir. Un jour, elle releva ses vêtements et je faillis vomir : une odeur rance et nauséabonde se dégageait de ses plaies devenues purulentes. Hormis la douleur physique que cela devait occasionner, j'imaginais sans peine la souffrance émotionnelle que Liz devait endurer, elle qui aspirait de façon maladive à être « propre ».

Quelque temps plus tard, Liz se mit à me parler de l'endroit où elle souhaitait être enterrée, comme si elle avait senti que sa fin était proche et voulu tout régler avant. S'étant informée auprès d'une des aides-soignantes de ce qu'il adviendrait de sa dépouille, on lui avait répondu qu'elle serait inhumée dans la fosse commune de l'hôpital. Cette annonce l'avait fortement perturbée ; elle avait toujours souhaité reposer aux côtés de sa mère dans le caveau familial. Je lui promis de faire tout ce qui serait en mon pouvoir pour que son vœu soit exaucé. Cela ne suffit pas à l'apaiser. Elle voulait également rendre son histoire publique.

À cette époque, j'avais déjà écrit un article pour le *Irish Crime Magazine*, et Liz me confia vouloir faire de même. Je lui fis comprendre que c'était une décision qui n'appartenait qu'à elle et que je ne pouvais en aucun cas faire les démarches à sa place. Pour ma part, écrire s'était avéré un choix très difficile, dont je n'étais même pas sûre qu'il fût le bon. Si elle désirait s'engager dans la même voie, il lui faudrait prendre elle-même contact avec le magazine. Liz me dit que c'était ce qu'elle ferait et elle écrivit au *Irish Crime* la lettre qui suit, que je vous livre dans sa version originale, sans corrections.

Cher Mike*,

Cathy m'a retrouvé au bout de 27 ans. On a été séparé après le centre [le foyer pour jeunes filles] J'ai été envoyé a l'asile et je suis encore la. Ils essaie de m'empéché de raconté mon passé. Quand j'étais la-bas [à l'école religieuse] un prêtre nous a toutes abusé, Cathy y compris. J'étais qu'une enfant. C'était le dimanche qu'il venait. Il nous emmenait quelquepart dans l'église ou ça se

* Michael Sheridan, rédacteur en chef du *Irish Crime Magazine*. (*N.d.T.*)

passait. Je le vois toujours sortir son mouchoir blanc de sa poche arrière pour s'essuyé après qu'il nous a abusé, et mon amie Cathy aussi.

Je disais tout le temps a la sœur que je voulais pas allé a l'église mais elle m'obligé et j'avais peur. Et après aussi [dans la laverie des sœurs de Marie-Madeleine] des civils m'abusait et me disait des menaces si jamais je parlais. Je voudrais que vous m'aidiez comme vous avez fait avec mon amie Cathy, ou même quelqu'un d'autre, car j'ai seulement 46 ans. Je suis la [à l'hôpital psychiatrique] depuis que j'ai 19 ans. Aidez-moi a sortir, svp.

Liz Keegan
Le 29-07-2004

Un journaliste du magazine, Aodhan Madden, accepta de rencontrer Liz. Deux mois plus tard, en septembre, je l'accompagnai dans ce bâtiment grisâtre qui ressemblait davantage à une vieille prison victorienne qu'à un hôpital. Il faut, pour y pénétrer, traverser une enfilade d'imposantes portes en fer, certaines s'ouvrant électroniquement, d'autres avec d'anciennes et lourdes clés. L'extérieur du bâtiment est d'un aspect sinistre et hostile. Le malaise qu'il provoque est confirmé quand on en découvre l'intérieur, par des salles humides et des corridors cafardeux. Il y règne une atmosphère lugubre, que renforcent les regards mornes et vitreux des patients.

Liz nous attendait, j'avais pris soin de lui confirmer notre venue le matin même. Elle vint à notre rencontre dans le couloir, et nous partîmes tous les trois nous installer dans la salle fumeurs où, après avoir fait les présentations, nous nous mîmes à bavarder. Aodhan lui avait apporté de quoi fumer ainsi que des bonbons, ce dont Liz se réjouit. Je crois que le journaliste ne s'attendait pas à quelqu'un d'aussi volubile et vif d'esprit.

Pour procéder à l'interview proprement dite, nous demandâmes à une infirmière s'il était possible de profiter de l'intimité du petit jardin situé à l'arrière du bâtiment, mais celle-ci insista pour escorter « la patiente ». Lorsque je lui fis observer qu'il s'agissait d'un entretien privé à la demande de Liz et qu'il était souhaitable qu'elle nous laissât, elle m'informa qu'elle agissait sur ordre de sa hiérarchie. J'ajoute toutefois, à son crédit, qu'elle s'efforça de rester à l'écart, en nous surveillant depuis une chaise éloignée.

Aodhan s'éclaircit la voix et commença.

— Très bien, Elizabeth. Si j'ai bien compris, vous avez émis le souhait que l'histoire de votre vie soit rendue publique ?

Liz était surexcitée.

— Oui, oui, voilà ! Pas vrai, Kathy ? Ça fait pas des années que je te le dis ?

— Entendu, reprit Aodhan. Dans ce cas, nous allons nous y employer.

Durant les heures qui suivirent, dans ce jardin, Liz nous narra le tragique récit de sa vie. Aodhan et moi-même étions sous le choc : lui, consterné parce qu'il n'avait encore jamais entendu pareilles horreurs infligées à une enfant censée être sous la protection de l'Église et de l'État ; moi, dévastée parce que les événements évoqués par Liz, que je m'étais acharnée à refouler de mon esprit, l'infiltraient à présent de toutes parts, mêlés à mes propres souvenirs d'enfance.

Liz avait été enlevée à ses parents à un très jeune âge et placée à la laverie. C'est à la suite d'une tentative d'évasion qu'elle fut envoyée à l'école religieuse où je la rencontrai, et où elle subit les sévices du prêtre qui me violait également. Elle fut ensuite internée en hôpital psychiatrique pour avoir voulu dénoncer les agissements de l'homme d'Église.

Contrairement à moi, cependant, Liz était restée prisonnière du système, et la spirale infernale des abus avait continué. Lors d'un séjour en établissement psychiatrique, elle avait subi des viols collectifs répétés, dont les auteurs étaient d'autres pensionnaires.

— Ces hommes m'emmenaient dans les herbes et me passaient dessus chacun leur tour, expliqua-t-elle. Mais ça ne servait à rien de les dénoncer, on m'aurait pas crue de toute façon.

Comment concevoir que des patients de sexe masculin aient été en mesure d'approcher aussi facilement une jeune fille, et aient su pouvoir la violer en parfaite impunité ?

Pour Liz, les conséquences s'étaient traduites par des crises de panique chroniques, comme celle qui l'avait fait atterrir en cellule capitonnée durant trois jours, la semaine précédant notre visite. Sa mise en détention n'avait fait qu'amplifier ses symptômes et elle s'était fracturé le bras en se heurtant violemment contre un des murs. Elle nous montra son plâtre et, sur l'autre bras, les coupures et les cicatrices qu'elle s'était infligées dans sa tentative désespérée d'échapper, ne serait-ce que temporairement, à la réalité.

— Je me ferais pas ces choses si j'étais contente d'être là, observa-t-elle.

Puis elle posa les yeux sur Aodhan et lui demanda dans un murmure tremblant :

— Est-ce que je suis propre ?

Aodhan, chamboulé par la question, rassura Liz sur ce point. Celle-ci souleva alors son chemisier pour lui montrer l'abomination de cette prothèse qui perçait désormais sa peau.

— Sans l'aide de gens extérieurs, expliqua-t-elle, j'ai peur de mourir ici.

Le journaliste me demanda sur un ton indigné pourquoi les autorités ne faisaient rien pour l'aider.

— Ils s'en fichent royalement, répondis-je. Liz n'est qu'une malade, une Madeleine qui n'a pas voix au chapitre.

Le temps de la visite était écoulé. Alors que nous prenions congé, Liz nous implora une dernière fois de la sortir de là. Comme toujours, je ne pus réprimer un sentiment de culpabilité en la laissant. Cet après-midi-là, Aodhan et moi-même regagnâmes librement la sortie, tandis que Liz continuait de purger sa condamnation à perpétuité.

J'étais tellement mal en repartant que j'écrivis à la présidente de la République d'Irlande, Mary McAleese, lui demandant de bien vouloir intercéder en faveur de mon amie afin qu'elle soit transférée dans un hôpital où elle recevrait des soins appropriés. Je lui fis également part de ma profonde inquiétude quant à la santé de Liz, expliquant que je craignais pour sa vie. Voici la réponse que j'obtins :

> Chère Madame O'Beirne,
>
> Je vous remercie de votre courrier du 13 septembre 2004 adressé à la présidente McAleese.
>
> J'ai été désolée d'apprendre la situation que vous décrivez dans votre lettre. Malheureusement, je dois vous informer que la nature des fonctions de la présidente la retient d'intervenir

dans ce genre de situation délicate. Par conséquent, j'ai le regret de vous annoncer que la présidente ne pourra répondre favorablement à votre requête.

Sachez toutefois que je transmettrai votre courrier à la Commission d'inspection des établissements d'accueil, ministère de l'Éducation et de la Science, Marlborough Street, Dublin 2.

La présidente vous remercie de votre compréhension et vous prie de recevoir ses plus chaleureux encouragements et ses sentiments les meilleurs.

Cordialement,

Orla Murray
Secrétariat du président.

Quelques jours plus tard, un lundi, je reçus un appel de Liz ; elle voulait savoir quand je viendrais lui rendre visite. Je lui expliquai qu'il m'était impossible de venir le jour même. Ma cousine se mourait d'un cancer, je devais me rendre à son chevet à l'hôpital St James. Dans l'après-midi, j'étais en train de fumer une cigarette devant l'entrée de l'hôpital quand mon téléphone sonna à nouveau : Liz se sentait très mal, mais le personnel refusait de la laisser sortir.

— Ils disent que c'est dans ma tête, se plaignit-elle.

Puis elle me passa un troisième coup de fil, pour me dire combien elle tenait à moi.

Le mardi, Liz me rappela : son état avait empiré. Elle me demanda si je me souvenais de nos balades dans les champs derrière l'asile, main dans la main.

— Tu étais toujours gentille et tu t'occupais de

moi, dit-elle. Tu te rappelles quand on chantait au piano ?

J'avais le cœur déchiré : en dépit de toutes ces années d'horreur, l'innocence de Liz était restée intacte. Elle me demanda de nouveau quand je comptais venir et si je pouvais lui acheter quelques cadeaux pour ses neveux : une peluche, un paquet de bonbons gélifiés, une bouteille de coca-cola et un appareil jetable pour se photographier ensemble. Puis elle raccrocha, après m'avoir répété plusieurs fois combien elle m'aimait.

Je m'occupai des achats puis demandai à une amie, Margo, de m'accompagner. Nous arrivâmes au centre aux alentours de 19 heures. En descendant de la voiture, j'aperçus Liz derrière la fenêtre latérale de la façade, son poste habituel lorsqu'elle m'attendait, et lui fis un signe de la main. Avant d'entrer, Margo et moi décidâmes de fumer une cigarette ; les visites me rendaient toujours un peu nerveuse, fumer me calmait les nerfs.

Liz n'était plus à la fenêtre lorsque nous sonnâmes à l'interphone. Personne n'ouvrit. Le personnel était parfois occupé avec un patient, aussi nous décidâmes de patienter en grillant une autre cigarette. Notre second essai fut le bon : une voix nous répondit. Mais lorsque je demandai à voir Elizabeth Keegan, on m'informa que cela était impossible. Je crus qu'il s'agissait d'une plaisanterie, quand j'entendis une sirène retentir et vis une ambulance, tous gyrophares allumés, foncer vers la grille.

Je pressentis aussitôt que quelque chose était arrivé à Liz. Quarante-cinq minutes s'écoulèrent, durant lesquelles nous attendîmes à la porte, avant qu'un brancard fût chargé à l'arrière de l'ambulance, qui redémarra à toute allure.

La porte d'entrée s'ouvrit enfin et je me précipitai à notre point de rencontre habituel, pour constater que Liz n'y était pas. J'interceptai un membre du personnel soignant pour lui dire que j'étais venue rendre visite à Elizabeth Keegan. La femme me dévisagea d'un air surpris :

— Liz Keegan vient de partir en ambulance, me dit-elle, avant de m'expliquer que mon amie avait brusquement perdu connaissance tandis qu'elle regardait par la fenêtre.

Sous le choc, je laissai tomber mes paquets, qui s'écrasèrent sur le sol. Margo et moi nous précipitâmes à l'hôpital où nous supposions que Liz avait été emmenée. Le personnel des urgences s'acharna sur elle pendant quatre heures, en vain. Liz fut placée sous assistance respiratoire pour permettre aux amis et à la famille de venir lui faire leurs adieux. Lorsque mon tour arriva, c'est à peine si je pus la distinguer du réseau de tubes et de tuyaux auquel elle était reliée. Je restai là, assise près du lit, sa main dans la mienne, quand tout à coup je crus voir ses paupières se contracter. J'étais convaincue qu'elle était sur le point de se réveiller, mais l'une des infirmières m'assura que ce n'était qu'un réflexe nerveux. Au bout d'une semaine, on débrancha les machines. Liz s'accrocha encore quelques jours. Elle s'éteignit finalement le vendredi 1er octobre 2004, le jour de son quarante-huitième anniversaire.

— C'est fini, Liz, tu n'auras plus jamais à retourner dans cet enfer. Tu es libre, lui murmurai-je au creux de l'oreille.

Liz a enfin trouvé le repos, mais il n'en va pas de même pour toutes les anciennes Madeleines. Nombre d'entre elles sont encore internées à l'heure actuelle. Ces filles cachées de l'Irlande vivent enfermées depuis si longtemps qu'il leur serait de toute façon impossible de survivre seules dans le monde extérieur. Certaines restent chez les nonnes, pour lesquelles elles ont travaillé toute leur vie ; d'autres, comme Liz, sont prises au piège d'établissements sans âme. La mort est leur seul espoir de délivrance.

Le 23 septembre 2004

Ma très chère Elizabeth,

Je suis assise dans ce fauteuil, impuissante, perdue. Je me sens seule, je suis seule. J'ai l'impression d'être en train de perdre une partie de moi-même – et ce n'est pas qu'une impression.

Je pense à nos vies et à ce qu'elles auraient été si les choses avaient été différentes.

Des êtres sans scrupules nous ont fait énormément de mal. L'État nous a abandonnées, à l'instar de toutes ces institutions censées nous « accueillir ». Notre seul et unique crime est d'être nées. Ils nous ont tout pris, absolument tout.

Nous n'avions pour eux aucune importance. Aucune valeur. Mais vois-tu, Liz, ma chère et tendre amie, ils n'ont pu nous briser.

Nous nous sommes battues, malgré notre lourd fardeau, la souffrance et le chagrin. Toi et moi possédons ce qu'ils n'auront jamais, un cadeau que Dieu nous a fait : le don de la compassion, de l'amour, et le sens de l'autre. Et aussi la conviction intime que, malgré Son silence, Il nous accompagne dans nos épreuves.

Tu n'as jamais eu d'exigences, et les cadeaux que tu demandais n'étaient destinés qu'à autrui. Mes rêves et mes espoirs étaient les mêmes que les tiens et n'avaient qu'un seul objet : te voir libre. Libre de toute cette peine et de cette souffrance qui te furent si injustement causées. Tes vœux seront bientôt exaucés.

Alors, ma chère Liz, embrasse cette paix dont tu as tant rêvé et que tu mérites tant. Et arbore cette auréole qui te revient de droit.

Tu resteras à jamais dans mon cœur.
Tendrement,
Kathy.

11

Notre vie ne valait rien, notre mort encore moins

Seigneur, c'est Kathy.
Je suis seule.
Sans personne.
Je me bats si durement pour m'en sortir
Et tenter de trouver une raison à ce qui m'est arrivé.
Pourquoi moi, Seigneur, moi et tant d'autres ?
Notre monde vit à cent à l'heure
Les gens s'y croisent sans se voir
Faites qu'ils s'arrêtent et prennent une minute ou deux
Dans leur emploi du temps surchargé, pour voir la souffrance et la peine
Du sans-abri
De l'alcoolique
Du junkie.
S'arrêtent-ils jamais, Seigneur, pour réfléchir
Aux épreuves qui les ont ainsi anéantis ?
Une seule personne qui prend la peine de s'arrêter et de discuter
Cinq minutes, peut sauver une vie.

Alors je t'en prie, Seigneur, aide tous ces gens si pressés qui ne pensent qu'à eux
À s'arrêter, regarder, écouter et penser.
Quelques paroles gentilles peuvent transformer la journée
De celui qui est en souffrance,
Voire lui sauver la vie.
Si quelqu'un m'avait accordé un peu de temps et d'attention
Il m'aurait sauvée de plusieurs années
D'abus et de tourments.
Et bien d'autres que moi également.

Dans les années 1990, je fus à l'origine d'une campagne intitulée « Sur la piste de mes amies* », destinée à retrouver mes quarante-trois compagnes d'infortune du temps de la laverie, dont j'avais perdu la trace. Je décidai par la même occasion de tenter de reconstituer mon propre parcours : je pensais qu'en assemblant le puzzle de mon passé, je serais en mesure de comprendre pourquoi tout cela m'était arrivé, et surtout pourquoi cela *avait pu* m'arriver. Au fond de moi, j'avais toujours su que je n'étais pas responsable. Pourquoi personne ne m'avait-il aidée ? Je voulais obtenir une réponse. Je m'engageai sans le savoir dans un processus long et pénible – j'aurais dû me douter que ma quête avait peu de chance d'aboutir.

Je commençai par contacter les divers établissements où j'avais séjourné. Une assistante sociale m'apporta un temps son aide pour tenter de mettre la

* « Search For My Friends ». *(N.d.T.)*

main sur les archives de ma première école religieuse. Celle-ci avait fermé depuis, et l'on m'informa qu'une inondation survenue quelques années plus tôt avait de toute façon détruit une bonne partie des registres.

Un second établissement, une des laveries où j'avais travaillé, m'apprit que mon dossier avait brûlé lors d'un incendie. Chaque fois que je demandai des renseignements sur des femmes placées à la même époque que moi, la réponse était invariablement : « Il n'y a aucune trace de cette résidente dans nos registres. » On me demandait alors si la personne ne s'était pas fait enregistrer sous un pseudonyme. De la même façon que l'on m'avait rebaptisée Bernadette dans ma première école, de nombreuses filles s'étaient vu attribuer de nouveaux noms religieux en entrant dans les laveries. Comment retrouver la trace de femmes dont l'identité avait été changée ?

Je finissais souvent par tourner en rond, pour finalement aboutir à une impasse. C'était un combat usant qui ravivait en moi de douloureux souvenirs ; je me sentais aussi impuissante qu'à l'époque, ce qui aiguisait ma colère et mon amertume. En 1993, cependant, une affaire parue dans la presse ranima ma détermination à poursuivre le combat pour obtenir la reconnaissance officielle de nos souffrances. Une des plus importantes laveries d'Irlande, située dans la banlieue de Drumcondra près de Dublin, devint malgré elle le point de mire des médias. L'établissement n'était plus en activité, mais les nonnes étaient soupçonnées d'avoir investi les profits réalisés au cours des années à des fins spéculatives. Quelques placements malavisés et l'effondrement des cours de leurs principales actions leur avaient apparemment coûté la bagatelle de cent mille livres. Pour remédier à leurs problèmes financiers, décision avait été prise de vendre une partie des terrains du couvent à des promoteurs immobiliers. Mais la zone en question intégrait une fosse commune : les nonnes avaient besoin d'une autorisation d'exhumation pour que les corps soient transférés au cimetière de Glasnevin.

Un permis d'exhumer leur fut délivré. C'est là que les ennuis commencèrent. Une agence de pompes funèbres de Dublin, Massey's, devait se charger de l'exhumation des cent trente-trois corps répertoriés. L'opération ne devait être l'affaire que de quelques jours, sauf que lorsqu'ils commencèrent à creuser, les employés de Massey's mirent au jour vingt-deux corps supplémentaires, non répertoriés. Quand la presse s'empara de l'affaire, elle révéla que sur les cent trente-trois cadavres référencés par les nonnes, seuls soixante-quinze justifiaient d'un certificat de décès, les cinquante-huit autres ne possédant ni identité ni cause de décès connues. Sans compter les fameux vingt-deux corps dont on ne savait absolument rien.

Les travaux furent interrompus sur-le-champ. Pourtant, plutôt que de demander une enquête, le ministère de l'Environnement – fait incroyable – délivra aux nonnes un permis additionnel qui les autorisait à déplacer elles-mêmes les corps du site. Puis, de manière tout aussi extraordinaire, les nonnes procédèrent à la crémation des corps, annihilant tout espoir de pouvoir identifier un jour les inconnues.

Les cendres furent réparties dans trois urnes qu'une poignée de nonnes, par une matinée froide et venteuse, enterrèrent aux côtés de centaines de filles et de femmes des laveries dans la fosse commune de Glasnevin.

Comment les religieuses réussirent à passer à

travers les mailles du filet, je ne le saurai sans doute jamais, mais que l'on me corrige si je me trompe : n'est-il pas illégal d'enterrer quelqu'un sans qu'ait été établi un certificat de décès en règle ? Ces femmes n'étaient que des Madeleines après tout, des filles déchues : pourquoi se soucier de ce qui leur était arrivé ? J'étais révoltée. Si, comme elles le prétendaient, les nonnes tenaient un registre précis des dates d'entrée et de sortie de chaque fille admise en laverie, peut-on alors m'expliquer comment vingt-deux personnes avaient pu disparaître de la circulation et être enterrées comme on sait ? Étant donné les difficultés que j'avais rencontrées lors de mes recherches personnelles, cette découverte n'aurait pas dû me surprendre outre mesure.

Quand la journaliste Mary Raftery interrogea les nonnes au sujet des corps, voici la réponse qui lui fut faite :

« [L'exhumation et le déplacement des corps] ont été approuvés par l'ensemble des autorités compétentes, et aucune famille ne s'est manifestée dans l'intervalle, à l'exception d'une personne qui a réclamé les cendres d'une parente. Les cent cinquante-quatre corps restants ont été incinérés et enterrés avec tout le respect qui leur était dû lors d'une cérémonie publique au cimetière de Glasnevin. »

La parution de la nouvelle dans la presse déclencha un tollé général. Des centaines de cartes et de lettres furent adressées au Premier ministre, le *Taoiseach* Bertie Ahern, réclamant l'ouverture d'une enquête publique. J'écrivis moi-même vingt-huit courriers pour obtenir des explications. Les laveries relevaient des attributions de Mr Ahern. Pourtant, inlassablement, la même réponse émanant de son secrétariat informait les parties intéressées que leur courrier avait été transféré au ministère de la Justice. Sollicitée pour de plus amples informations, la police répondait qu'une enquête avait effectivement été envisagée, puis suspendue.

Je priai dans une lettre la présidente de l'époque, Mary Robinson, de bien vouloir intervenir. Je ne reçus en retour qu'un courrier poli me témoignant sa sympathie mais affirmant ne rien pouvoir pour moi. De toute évidence, je prêchais dans le désert : personne dans cette société irlandaise catholique ne souhaitait m'entendre. Je reste intimement convaincue qu'outre ces vingt-deux corps, beaucoup d'autres restent encore à découvrir.

Si j'avais été impuissante à faire reconnaître l'identité de ces femmes, j'étais plus déterminée que jamais à leur rendre leur dignité. Cela passait par améliorer l'état de leur dernière demeure, à Glasnevin. À chacune de mes visites au cimetière, j'étais prise d'une vague de dégoût devant l'état déplorable des emplacements, et révoltée par la pierre tombale sur laquelle était inscrit :

PAR CHARITÉ
PRIEZ POUR LE REPOS DES ÂMES
DES PÉNITENTES DE MARIE-MADELEINE

Je souhaitais ardemment que cette inscription soit remplacée par une plaque commémorative plus humaine à l'égard de ces femmes innocentes, que l'on avait cruellement séparées de leurs familles et réduites en esclavage dans les laveries, jusqu'à leur mort et sans rétribution financière. Ce terme de « pénitentes » gravé sur leurs tombes ajoutait l'insulte au tort qui leur avait déjà été fait de leur vivant, et niait les souffrances qu'elles avaient endurées au profit de l'Église. Elles avaient payé de leur sang, de leur sueur, de leurs larmes. Sur l'une des pierres où sont gravés les noms de certaines, la désinvolture avec laquelle elles ont été enterrées apparaît de façon flagrante : une certaine Alice Bolger serait morte un 31 avril 1943, un mois qui ne compte que trente jours ! Offrant un violent contraste avec les tombes des Madeleines, celles des nonnes sont entretenues avec soin et arborent de belles croix blanches portant les initiales *JAS* : « *J'Ai Souffert* ». Cette odieuse hypocrisie me donne envie de vomir.

Durant des années, j'ai tenté d'obtenir une entrevue avec l'archevêque de Dublin, Desmond Connell, pour discuter avec lui des tombes et l'amener à reconnaître les abus perpétrés par ses pairs. J'ai même fréquenté régulièrement le palais de l'archevêque, à Drumcondra, dans l'espoir de le faire céder. J'avais découvert, lors de mes visites, qu'il se promenait fréquemment dans les jardins du palais les samedis après-midi. Je le poursuivais donc dans les allées en le harcelant : je lui rabâchais les sévices perpétrés dans les établissements d'accueil que j'avais connus, et lui parlais de ces femmes que je connaissais qui végétaient en hôpitaux psychiatriques. Rien de ce que je lui disais ne semblait l'émouvoir, et je suis prête à parier qu'il ne se souvient même pas de moi aujourd'hui. J'obtins le même silence de la part des sœurs responsables de l'entretien des tombes à Glasnevin. J'étais déterminée à ne rien lâcher, cependant d'autres batailles m'attendaient.

En 1999, le nombre effroyable d'abus d'enfants et la négligence des structures d'accueil de l'assistance publique furent portés sur le devant de la scène politique et médiatique par la diffusion à la télévision d'une série de documentaires intitulée *States of Fear**. Des amies m'avaient parlé de ce programme, que je n'eus pas la force de regarder à l'époque, redoutant son impact psychologique alors que je me débattais déjà avec les démons du passé. Je surveillai malgré tout la réaction populaire, pleine de l'espoir que la série fasse avancer les choses.

Avant même que le dernier volet ne soit diffusé, une déclaration du *Taoiseach* Bertie Ahern en date du 11 mai 1999 sembla exaucer mes prières :
« Au nom de l'État et de tous les citoyens du pays, le gouvernement souhaite présenter ses sincères et tardives excuses aux victimes d'abus sexuels dans leur enfance pour avoir failli à intervenir, à remarquer leur souffrance et à leur porter secours. »

Je n'en croyais pas mes oreilles. Quelqu'un assumait enfin la responsabilité des abus perpétrés à notre encontre ! Nous allions enfin obtenir les réponses à nos questions, j'en étais sûre.

Après les excuses, le gouvernement annonça la création d'une Commission d'enquête sur la maltraitance envers les enfants, dont le président serait Mme le juge Mary Laffoy, juge à la Cour suprême, et la mission la suivante :

« Être à l'écoute des victimes d'abus dans leur

* Littéralement « Les États de la peur ». *(N.d.T.)*

enfance qui souhaiteraient témoigner de leurs expériences auprès d'un auditoire bienveillant ;

Enquêter sur toute allégation qui lui aura été faite, excepté dans les cas où la victime ne le souhaite pas ;

Publier un compte rendu de ses résultats destiné au grand public. »

Comme la précédente, cette nouvelle me réjouit, même si j'essayai de ne pas trop m'emballer. J'avais appris que les promesses étaient une chose, et que les actes en étaient une autre.

Dans les mois qui suivirent, plusieurs amies s'inscrivirent pour des demandes d'enquête. Beaucoup m'encouragèrent à suivre leur exemple. J'en discutai avec un avocat, mais je n'étais pas encore prête à franchir le pas. Je choisis à la place les consultations de thérapie que la Commission proposait aux survivantes – un terrain plus familier pour moi qui consultais depuis plusieurs années. J'éprouvais encore quelques appréhensions à me retrouver devant un comité d'inconnus qui m'écouteraient passer en revue les détails sordides de mon existence ; le principe me déroutait un peu. Mes placements successifs m'avaient privée d'une instruction digne de ce nom et le jargon juridique qu'utilisait la Commission était aussi intimidant que déconcertant. Les procédures de demandes d'enquête semblaient complexes, je ne comprenais pas toujours tout.

Alors que la Commission s'attelait à sa tâche, la presse se faisait l'écho d'un mécontentement général quant à la lenteur des procédures, manifestement entravées par le manque de coopération des établissements d'accueil et du ministère de l'Éducation. Les groupes de soutien aux victimes critiquaient vivement le système, et de nombreux rapports s'inquiétaient du temps et des frais que représentait une telle mollesse.

Après quelque temps, je décidai finalement de franchir le pas et de raconter mon histoire. Le moment était venu de faire entendre ma voix et de livrer les noms des coupables à la vindicte publique. C'était un choix difficile. Aussi, pour entamer cette démarche, je pris contact avec une avocate qui consigna les détails de ma vie dans la perspective d'une évaluation par un psychiatre de la Commission.

Durant tout ce temps, je n'avais jamais cessé de traquer le moindre document relatif à mes divers placements – ces documents étaient d'ailleurs désormais requis pour toute procédure d'enquête, et l'entrée en vigueur en 1998 de la loi sur l'accès à l'information facilita les choses.

C'est à cette époque que j'entendis à la radio le comédien et dramaturge Mannix Flynn évoquer, à l'occasion de la sortie de sa dernière pièce, les abus dont il avait lui-même été victime enfant dans diverses écoles religieuses où il avait séjourné. Le personnage de *James X* intentait une action contre l'État pour les abus subis sous sa « protection ». Une scène qu'il décrivait attira en particulier mon attention : juste avant que son affaire passe devant le tribunal, James X se voit remettre un dossier contenant des archives en provenance de ses anciens établissements d'accueil, dont le contenu semble le secouer. Bien que Mannix Flynn soutînt que la pièce n'était nullement autobiographique, ses propres expériences semblaient l'avoir inspiré. Je ne pus me retenir d'appeler la station de radio pour lui demander conseil. Comme je lui expliquais les difficultés que je rencontrais depuis de longues années pour reconstituer mon dossier, l'acteur me mit en garde : les informations contenues dans ces documents pouvaient parfois avoir des effets dévastateurs, je devais en avoir conscience.

Si je pris note de son avertissement, je savais qu'il était trop tard pour reculer. Au même moment, certaines informations parvinrent à mon équipe juridique : mes dossiers venaient finalement d'être localisés et transférés dans des bureaux administratifs de Dublin. Je demandai à les recevoir chez moi mais on m'informa que, vu leur volume, mieux valait pour moi venir les consulter sur place, en présence d'un travailleur social. J'acceptai de me déplacer, mais exigeai en arrivant d'examiner ces archives en privé, seule avec ma psychiatre qui m'avait accompagnée.

J'avais enfin accès aux informations que j'avais cherchées si longtemps. Mes mains tremblaient tandis que j'ouvrais les premiers dossiers de la pile. Très vite, pourtant, je dus m'arrêter. Je venais de tomber sur une enveloppe remplie de photos de moi et de mes camarades à l'école religieuse : ce visage de fillette ingénue qui me regardait avait fait ressurgir les horreurs du passé.

J'étais dans un état épouvantable et j'avais besoin de rentrer à la maison. Bien que l'on me le déconseillât, j'insistai pour emporter le dossier avec moi. En chemin vers l'arrêt de bus de O'Connell Street, je me sentais comme anesthésiée : il était 18 heures ce soir d'hiver glacial, et je tenais serrée contre ma poitrine l'histoire de mon enfance détruite. Je me sentais terriblement seule, triste et perdue, avec l'impression d'avoir été parachutée en plein brouillard sans savoir comment en sortir ni dans quelle direction m'orienter.

Une fois chez moi, je restai assise à considérer l'épaisse enveloppe marron, trop vidée physiquement et émotionnellement pour faire face à son contenu. Je décidai de la ranger dans un tiroir que je refermai aussitôt comme pour l'emprisonner, avec les secrets qu'elle recelait. Je savais néanmoins qu'il me faudrait les affronter tôt ou tard. Quand ce jour arriva, je fus confrontée à l'une des épreuves les plus difficiles de ma vie.

Pour les besoins de l'enquête, on me demanda de passer en revue chaque document de mon dossier avec une psychiatre de la Commission. Celle-ci me les lisait à haute voix et j'étais chargée d'intervenir chaque fois qu'une information me paraissait erronée, afin qu'elle pût le noter par écrit. Ces lectures m'étaient extrêmement pénibles. Elles étaient cependant indispensables au bon déroulement de l'enquête, et j'acceptai de subir cette séance hebdomadaire durant plusieurs mois.

Certains passages déshumanisaient complètement mon comportement, sans jamais suggérer qu'il pût être légitime. Je suis décrite comme une enfant agressive et requérant beaucoup d'attention, sujette à de violentes crises de hurlements. Il est fait mention d'un incident lors duquel j'aurais jeté du papier par une fenêtre en criant : « Cet endroit est pareil que les autres ! » À en croire les documents officiels, Kathy O'Beirne n'a jamais été une enfant abusée et torturée mais une espèce de fêlée qui hurlait sans raison.

En voici un extrait :

« Kathy a un caractère difficile depuis l'âge de huit ans, et présente un comportement agressif et lunatique. Dépassés par la situation, ses parents, sur les conseils de son enseignante, la confièrent à [nom de l'établissement]. Kathy se montrait en permanence agressive et réclamait une surveillance constante. Toutefois, à bien des égards, Kathy a su changer et mûrir. Abandonnant cette attitude qui la caractérisait, elle n'a eu de cesse de rechercher les encouragements de sa famille. Cependant, ceux-ci n'étant pas venus, Kathy, démotivée, n'a pas été en mesure de maintenir ses efforts. Elle n'a jamais accepté l'attitude de sa famille envers elle. »

Voici donc à quoi ressemble la version officielle de mon enfance. Aucune mention n'est faite de violences, de torture, d'abus sexuels dans le foyer familial ou en structures d'accueil. D'autres passages constituent quant à eux de purs mensonges, tel celui qui fait état d'une overdose lors d'un de mes séjours en foyer.

Ces sessions avec la psychiatre étaient éprouvantes et éreintantes. J'avais conscience que le seul but de cette femme était de monter le meilleur dossier possible en ma faveur, mais nos caractères respectifs étaient incompatibles, au point que j'en vins à ne plus la supporter. Lorsqu'elle voulut tout reprendre à zéro au cas où nous aurions oublié des éléments, je sus que j'avais atteint mes limites. Constatant que mon état de stress s'aggravait, ma nouvelle avocate – j'avais changé de cabinet juridique en même temps que de psychiatre – me conseilla d'abandonner la constitution de mon dossier pour la Commission d'enquête et de m'orienter vers la Commission d'inspection des établissements d'accueil.

Cet organisme avait vu le jour en 2002 « afin de dédommager de manière juste et raisonnable les personnes qui, enfants, avaient été abusées durant leur placement en écoles industrielles, religieuses et autres établissements relevant de l'autorité et du contrôle de l'État ».

Bien que ma décision de rendre mon histoire publique n'ait jamais eu l'argent pour motif, je décidai après mûre réflexion que cette voie représentait un moindre mal. L'argent ne guérira jamais mes blessures ni ne pourra jamais me faire me sentir propre. Les préjudices subis dans mon enfance n'ont pas de prix, et recevoir un dédommagement financier ne constituera jamais pour moi une solution. Mais à l'époque, c'était la seule voie que je me sentais capable d'emprunter pour avancer. Ce parcours semé de souffrances est celui sur lequel je chemine encore aujourd'hui.

12

Le combat continue

Hier, c'était hier

Hier, c'était hier,
Aujourd'hui, c'est aujourd'hui
J'étais effrayée
La douleur était insupportable
La souffrance intenable
J'étais désemparée
Désespérée.
Aujourd'hui, c'est aujourd'hui
Un nouveau jour s'annonce
Ces sensations, je prie
Pour qu'elles s'effacent
Et que viennent des jours meilleurs.

En 2003, le dixième anniversaire de l'exhumation des corps de Drumcondra suscita un regain d'intérêt médiatique pour l'affaire des nonnes. Au mois d'août, le Conseil national des femmes demanda officiellement au ministère de la Justice l'ouverture d'une instruction sur l'exhumation et la crémation des corps de la laverie de Drumcondra. Sa présidente, Mary Kelly, déclara à l'époque qu'il était « honteux que des femmes ayant été à ce point déshonorées par la société [aient] été privées de toute identification de leur vivant et de toute authentification de leurs dépouilles après leur mort ».

Le Conseil posa cinq questions spécifiques à propos des événements de 1993 :

- Pourquoi le ministère de l'Environnement a-t-il délivré un permis d'exhumer en l'absence de certificats de décès ?
- Pourquoi les sœurs de Notre-Dame de la Charité ne possédaient-elles pas de certificats de décès pour certains des corps, alors qu'il s'agit d'une obligation légale ?
- Des représentants médicaux ont-ils été appelés lors de décès des femmes de la laverie ? Si oui, pourquoi les certificats de décès n'ont-ils pas été établis pour attester des causes de leur mort ?
- Une fois reconnue l'existence de corps non répertoriés, un médecin légiste a-t-il été appelé sur les lieux ?
- Quelles seront les implications pour les femmes et les hommes recherchant leur mère biologique et pour les familles de ces femmes s'il n'est pas établi dans cette affaire de faits concluants ?

Au moment où j'écris, le Conseil n'a toujours pas reçu de réponses officielles à ses questions.

En avril 2004, Desmond Connell devint cardinal et fut remplacé par l'archevêque Diarmuid Martin.

Saisissant cette nouvelle opportunité de plaider ma cause, je contactai immédiatement le palais pour obtenir un rendez-vous, refusant de libérer la ligne tant qu'on ne me passerait pas l'archevêque en personne. Contre toute attente, l'homme d'Église prit le combiné et, au bout d'un plaidoyer d'une dizaine de minutes, accepta de me rencontrer. Quelques jours plus tard, j'eus la grande surprise et l'honneur de recevoir une invitation à sa cérémonie d'investiture.

Le fameux soir venu, ma thérapeute et moi entrions dans le hall de All Hallows College où la réception se tenait. Je n'en revenais toujours pas : tout le gratin se trouvait là, ainsi que moi, Kathy O'Beirne, une ancienne Madeleine. Ce fut une soirée très agréable ; je pus m'entretenir quelques minutes avec l'archevêque – et me faire photographier à ses côtés – et celui-ci me confirma son désir de me rencontrer ultérieurement de manière plus formelle. Une semaine plus tard, j'étais de retour au palais, accompagnée de ma thérapeute.

Nous fûmes conduites dans une salle d'attente dont les murs étaient ornés de portraits d'archevêques et les tables recouvertes d'objets religieux. Lorsque l'heure de l'entretien arriva, un prêtre nous emmena dans une vaste pièce, si haute de plafond que vous aviez le vertige rien qu'en levant la tête. Des milliers d'ouvrages couvraient les murs et une longue table trônait au centre, autour de laquelle nous prîmes place. L'archevêque nous rejoignit et nous servit même du thé et du café.

Je lui rappelai le motif de notre visite : qu'il initie une enquête sur les accusations d'abus sexuels dont j'avais désespérément tenté de faire part à son prédécesseur depuis plusieurs années – des accusations faites en mon nom propre mais aussi au nom de toutes mes amies privées de leur liberté de s'exprimer. Je lui montrai en ce sens diverses photographies et vidéos de ces femmes internées en asiles psychiatriques depuis des dizaines d'années. Je lui fis part de mon souhait de voir les tombes de Glasnevin restaurées et lui présentai à ce sujet des clichés de l'exhumation des corps de 1993.

L'archevêque m'écouta avec la plus grande attention, examinant chaque document que je lui soumettais. Au bout d'une heure d'argumentation, le prélat joignit les mains, se pencha sur la table et nous fit part de son expérience en écoles industrielles quarante ans plus tôt : à l'époque, il avait lui-même eu des doutes concernant la façon dont les jeunes résidents étaient traités. Je quittai l'entretien avec la conviction que son soutien – y compris financier pour les tombes – nous était acquis.

Je sortis du palais à la fois épuisée et surexcitée. Quelqu'un était enfin prêt à m'aider, j'avais l'impression que les lourdes grilles de fer sur lesquelles je me fracassais les poings depuis si longtemps venaient enfin de s'entrouvrir.

Transportée par mon enthousiasme, je téléphonai dès le lendemain à l'agence de pompes funèbres Massey's, avec laquelle j'étais restée en contact depuis l'affaire des corps, et leur annonçai que nos projets semblaient en bonne voie. Quand je lui avais confié mon désir de faire ériger un mémorial, le directeur avait tout de suite proposé son aide et m'avait fourni de nombreux renseignements sur les tombes et le cimetière.

Deux jours après l'entrevue, je repris le chemin du palais, cette fois pour rencontrer Phil Garland, le chef du Service de protection de l'enfance de l'archidiocèse de Dublin. Phil allait être les mois suivants mon interlocuteur principal à l'archidiocèse. Mes accusations avaient été rapportées aux services de police qui avaient ouvert une enquête. J'allais devoir revivre le cauchemar des interrogatoires.

Phil et son équipe accomplirent un travail extraordinaire : ils aménagèrent des salles du palais pour mes entrevues avec la police, les travailleurs sociaux, les nonnes et les prêtres ; ils ouvrirent un compte auprès d'une compagnie de taxis pour faciliter mes déplacements de la maison au palais, et ils payèrent même quelques-unes de mes factures de téléphone portable. Pourtant, malgré ce confort qu'ils m'offrirent et dont je leur suis infiniment reconnaissante, ces démarches demeurèrent pour moi extrêmement éprouvantes.

Quiconque n'a pas vécu ce genre d'expérience ne peut comprendre l'épreuve que représente pour les survivants d'abus le fait d'avoir à relater en détail les événements qui leur sont arrivés. On vous demande de commencer par décrire la pièce du crime, la couleur de la moquette, du plafond ; l'interrupteur était-il à gauche ou à droite de la porte en entrant ? Il faut décrire la disposition des meubles et se rappeler le nombre de chaises dans la pièce. Y avait-il des étagères ? Avez-vous remarqué quoi que ce soit de particulier ? À quel endroit exactement se trouvait la fenêtre, derrière vous, devant ? Quelle forme avait la poignée de la porte ? Y avait-il un chemin d'escalier ou bien les marches étaient-elles dénudées ? De quelle couleur étaient les chaussures et les chaussettes de votre agresseur ? Comment était-il habillé ? Dégageait-il une odeur en particulier ? Était-il gros, mince, grand, petit ? Qu'a-t-il fait exactement ? Vous a-t-il touchée ? Où ça, devant, derrière ?

Recréer la scène dans son esprit constitue un véritable supplice, d'autant que ce genre de procédures s'étalent sur des semaines, des mois entiers. Après chaque déclaration, il vous faut relire minutieusement la retranscription de l'entretien et donner votre approbation. Au final, vous passez votre temps à lire et relire en boucle le récit de votre drame – comme une croûte suppurante que l'on ne cesserait de gratter.

Quelques jours après ma première rencontre avec Phil, la presse s'empara de l'affaire. J'étais la première survivante d'abus sexuels en établissements reçue par l'archevêque, et les journaux semblaient s'en féliciter. Le *Sunday Times* titra : « Un archevêque qui écoute, c'est un bon début » ; un article du *Irish Independent* du 17 mai rapportait de son côté :

« Le nouvel archevêque de Dublin, Diarmuid Martin, a accordé la semaine dernière une entrevue de deux heures à Mme Kathy O'Beirne, qui lui a fait part des violences et des viols dont elle affirme avoir été témoin il y a une trentaine d'années. Bien qu'il ne soit pas de la responsabilité de l'archevêque Martin de lancer une investigation sur les allégations de Mme O'Beirne (les faits n'impliquant aucun prêtre), le Service de protection de l'enfance de l'archidiocèse a décidé de lui tendre la main : "Quelqu'un devait écouter son histoire", a-t-on déclaré au palais.

L'archevêque a également promis son soutien à Mme O'Beirne dans une autre affaire : le retrait de la pierre tombale du cimetière collectif de Glasnevin où sont enterrées d'anciennes Madeleines, pierre qui porte l'inscription à ses yeux infamante de "Pénitentes". »

Cette façon de suggérer que l'archevêque me faisait une immense faveur me mit hors de moi, tout comme mes supposées « allégations » : les abus impliquaient bel et bien des membres du clergé, et par conséquent, il relevait effectivement de la responsabilité de l'archevêque de demander une enquête ! Mon intention toutefois n'était pas de provoquer un scandale, car j'attendais anxieusement ma prochaine entrevue avec lui pour parler des tombes.

Un des inconvénients de cette notoriété commença à se manifester sous la forme d'appels anonymes m'invitant à mettre un terme à ces « salades » – ce qui ne me troubla d'abord pas outre mesure. Mais les appels devinrent de plus en plus agressifs, et en répondant au téléphone une nuit, j'entendis une voix d'homme m'ordonner « d'arrêter mon cirque avec cette histoire de nonnes et de tombes, ou il allait m'arriver quelque chose ». Que cet homme ait eu accès à mon numéro me terrifiait davantage que la menace elle-même : savait-il aussi où j'habitais ?

J'étais suffisamment inquiète pour déposer une plainte au commissariat. Malgré cela et en dépit de quatre changements de ligne téléphonique successifs, les menaces d'intimidation s'aggravèrent. Un trio en particulier m'appela plusieurs nuits de suite aux alentours de 5 heures du matin : deux hommes et une femme menaçant de me faire du mal si je m'entêtais à « faire des vagues ». J'étais cependant décidée à ne pas me laisser faire. Personne ne m'écraserait une seconde fois.

Ma collaboration avec la police se poursuivit, mais l'archevêque ne donna pour sa part jamais suite. C'était un cauchemar : j'étais là, à expliquer pour la énième fois mon histoire, harcelée par des appels anonymes et, par-dessus le marché, mon projet de mémorial semblait purement et simplement ignoré ! C'en était trop : il était grand temps de passer à l'action pour obliger les gens à m'écouter.

Comment allais-je bien pouvoir m'y prendre pour attirer l'attention ? Je me souvins alors de l'histoire de cet homme, Tom Sweeney, abusé sexuellement durant ses années à l'école industrielle Artane à Dublin, puis à celle de St Joseph à Galway. À la suite de sa demande d'indemnisation auprès de la Commission d'inspection, Sweeney s'était vu offrir un arrangement initial d'un montant de 113 000 euros. Cependant, lorsqu'il avait demandé à raconter son histoire de vive voix devant la Commission, l'offre avait été réduite de moitié. Sweeney la déclina, et les 20 000 euros supplémentaires consentis par la Commission n'y changèrent rien. Il demandait réparation et, pour ce faire, s'engagea dans une grève de la faim qui dura vingt-deux jours. Quand le gouvernement se décida enfin à accéder à sa demande d'audience, sa vie ne tenait plus qu'à un fil. Pour finir, Sweeney obtint un dédommagement de 150 000 euros – 113 000 de l'État et 37 000 de l'ordre religieux en charge des écoles incriminées – ainsi que des excuses complètes.

Ma décision était prise. J'avais frappé à toutes les portes, écrit à toutes les personnes susceptibles de m'aider, sans aucun résultat. Soit je m'engageais dans une grève de la faim en acceptant l'éventualité d'une mort dans la souffrance, soit je ne faisais rien et je continuais de vivre, dans la souffrance aussi. Avais-je vraiment le choix ?

J'annonçai ma décision à mes amis et à ma famille qui tous furent épouvantés. Mon médecin généraliste me mit en garde : j'allais mettre ma vie en danger, et je ne devais pas oublier combien j'étais déjà fragile. Mais mon choix était fait, rien n'aurait pu m'en détourner. Je commençai à mettre de l'ordre dans mes affaires dans l'éventualité du pire : je fis établir un testament, rédigeai des lettres d'adieu à mes proches et pris même des dispositions pour l'avenir de mes deux animaux de compagnie. J'envisageais de commencer ma grève au palais de l'archevêque puis de poursuivre mon sit-in devant une ancienne laverie, et ce jusqu'à ce que quelqu'un finisse par m'écouter, ou que la mort m'emporte. Je contactai le palais pour prévenir le clergé de mon intention.

J'ignorais qu'une amie en avait informé les médias. Sans que je m'y attende, je fus soudain sollicitée de toutes parts pour des interviews à la radio et dans la presse. Contactés pour connaître leur réaction, l'archevêque était soi-disant en déplacement à l'étranger, et les nonnes injoignables.

Une fois mon histoire dans la presse, je fus submergée de lettres et d'appels me suppliant de renoncer. Même d'anciennes Madeleines me conjuraient de penser d'abord à moi et à ma santé : si l'issue de cette grève devait m'être fatale, me disaient-elles, les nonnes et les prêtres auraient finalement gagné. Bien que très touchée par tant de sollicitude, je ne voyais toujours pas d'autre moyen de faire entendre ma cause et, aussi inquiète que je fusse quant à mon avenir, j'avais foi malgré tout en une issue positive.

Au grand soulagement de mes proches – et du mien, je l'avoue –, un appel de Phil Garland une semaine avant le début annoncé de mon jeûne m'informa que les nonnes venaient enfin de consentir à une rencontre pour évoquer le sujet des tombes. La nouvelle me transporta de joie : j'allais enfin avoir l'occasion de leur extorquer un accord.

Les jours précédant le rendez-vous, je me rendis à Glasnevin pour finaliser mon dossier. Je filmai les tombes, pris des clichés du terrain et obtins la confirmation écrite des inhumations ; bref, je rassemblai les informations dont j'allais avoir besoin en vue de la confrontation. Les hommes de Massey's se tenaient prêts, tout était au point. J'allais enfin récolter les fruits de tous mes efforts.

La rencontre eut lieu le 23 juillet 2004 dans un des bâtiments du palais, en présence de Phil Garland et de deux nonnes dont une, que je reconnus, avait travaillé dans un de mes foyers d'accueil – un où je n'avais pas été molestée. Celle-ci se leva en me voyant et s'approcha.

— Bonjour, Kathy, me dit-elle en me serrant dans ses bras, comment vas-tu ?

J'étais quelque peu surprise de la trouver là, car elle ne faisait pas partie des nonnes qui s'occupaient des tombes.

La réunion démarra à 10 h 30. On traita d'abord de questions d'ordre général, comme les articles parus dans la presse. Puis le sujet des tombes fut abordé et je pris la parole pour dénoncer une fois de plus l'état lamentable de la sépulture collective. Une des nonnes tenta de m'expliquer que la pierre commémorative ne marquait pas vraiment l'emplacement d'une tombe collective, mais faisait simplement office de monument « général ». Je profitai de sa remarque pour produire une lettre d'un des employés du cimetière déclarant que des centaines de corps de Madeleines se trouvaient dessous. La nonne parut surprise devant des recherches aussi poussées. Je poursuivis en suggérant qu'au lieu de remplacer la pierre tombale – un monument de la honte pour l'Église catholique –, une pierre similaire soit placée juste à côté, qui exposerait l'histoire des laveries et honorerait la mémoire des Madeleines. Les pompes funèbres Massey's, ajoutai-je pour clore mon argument, avaient d'ailleurs offert de s'en occuper pour la somme de 25 000 euros, au lieu des 50 000 qu'un tel travail représentait.

La nonne accueillit l'idée avec enthousiasme, allant jusqu'à la qualifier de « geste très sensible et sensé ». Mais au moment où je pensais avoir enfin pris le dessus, elle sortit son joker.

— Au fait, Kathy, m'annonça-t-elle, je ne crois pas t'avoir dit que j'ai avec moi ton dossier de l'école religieuse, avec des lettres de ta mère dedans.

Ce fut comme si tout mon sang me montait à la tête. Le temps s'arrêta.

— Des lettres de ma mère ? Comment pouvez-vous avoir des lettres de ma mère ?

Mes idées s'embrouillaient dans mon esprit. Ma mère était décédée deux ans et demi plus tôt, comment pouvait-elle avoir écrit quoi que ce soit ? Et comment cette nonne pouvait-elle avoir en sa possession un dossier censé avoir été détruit dans une inondation plusieurs années auparavant ?

Je demandai quand ma mère avait laissé ces lettres pour moi. Une date sortit de sa bouche. La tête se mit à me tourner, rien n'avait de sens. Je me tournai vers Phil Garland.

— Quand ça ?

— Ta mère les a laissées pour toi à la révérende mère de l'école, répondit Phil.

Puis il ajouta, les yeux embués :

— Il y a trente-cinq ans, Kathy.

Il me fallut une minute pour me rappeler quel âge j'avais trente-cinq ans plus tôt. Neuf ans. Je m'effondrai en sanglots.

— Allons, Kathy, intervint la nonne en m'observant d'un regard froid, ce sont des lettres d'amour !

Je n'avais plus la force d'écouter, j'étais dévastée. Je quittai précipitamment la table de réunion et m'élançai dans le couloir : il fallait à tout prix que je sorte de cet endroit. J'étais redevenue cette enfant qui courait dans le couloir de l'école pour échapper à ses tortionnaires, appelant sa mère à l'aide. Prisonnière du temps, mon âme hurlait en silence, mon corps et mon esprit étaient à l'agonie. Le même enfer recommençait, enfant et adulte enchaînées par un éternel cordon ombilical. Ces paroles que j'avais écrites un jour se bousculaient dans ma tête :

Que se passera-t-il si je parle ?
Que m'arrivera-t-il ?
Cette petite fille va-t-elle mourir ?
Va-t-elle devoir subir toutes ces horreurs ?
Va-t-elle ou non continuer de souffrir ?
Comment pourra-t-elle supporter autant de douleur ?
Ses cicatrices vont-elles guérir
Ou ses blessures s'ouvrir davantage ?
Mes amis ont sans doute raison
Je refuse de voir les choses en face
Parce que si je le fais
Il me faudra admettre que tout cela m'est bien arrivé
Que je n'ai pas eu une enfance heureuse, ni une vie heureuse
Alors tous mes espoirs seront brisés

Car je n'ai jamais fait que faire semblant, prétendre que tout allait bien :

Je n'ai jamais eu que ce seul désir.

Du haut des marches du palais, je contemplai la grande allée qui s'étirait au milieu des pelouses, comme à l'école religieuse. Je ressentais la même sensation de vide absolu et de profonde solitude qu'à l'époque. Je ne savais plus quoi penser ni quoi faire. Je pouvais seulement pleurer.

Je me forçai alors à penser aux lettres, ces lettres si anciennes qu'une mère aimante avait un jour écrites à sa petite fille de neuf ans. Elles étaient comme un courrier venu du ciel à présent, mais je ne savais qu'en faire. La seule chose dont j'avais envie, c'était de me rendre sur la tombe de maman et de l'en sortir pour la serrer dans mes bras, lui dire combien j'étais désolée d'avoir cru toutes ces années qu'elle n'avait pas seulement daigné m'écrire.

Durant tout ce temps, ces nonnes malveillantes avaient gardé les lettres de ma mère en me laissant croire qu'elle m'avait oubliée. Non contentes de me priver de son amour et de son affection, elles m'avaient enfermée et traitée de pécheresse, de fille du diable. Elles n'avaient pas bougé lorsque j'avais été sexuellement abusée, violentée et brutalisée. Loin de me rendre à celle qui aurait pris soin de moi, elles étaient allées jusqu'à me dissimuler ses lettres.

J'étais en train de vivre le jour le plus triste et douloureux de ma vie. Le visage baigné de larmes, je levai la tête vers le ciel et pleurai sans m'arrêter : pour toutes les fois où j'avais été violée, pour toutes les fois où ces nonnes inhumaines m'avaient fouettée à coups de ceinture, pour toutes les fois où elles m'avaient maintenue dans des bains glacés. Je pleurai mon enfance perdue, tout ce dont on m'avait privée, y compris ma maman. Et je pleurai sur moi-même.

Phil Garland me rejoignit et me tint compagnie un moment, puis je téléphonai à Olive, ma thérapeute. Parler avec eux m'aida à reprendre mes esprits et je décidai finalement de poursuivre la réunion : c'était soit partir et tout arrêter, soit y retourner et faire front. J'allais leur montrer qu'elles n'avaient pas encore gagné la partie, je le devais à ma mère et à moi-même, mais aussi à toutes ces filles et ces femmes innocentes, des amies pour certaines, mortes aux mains de geôliers ecclésiastiques.

Je ne manquai tout d'abord pas de faire connaître mon opinion au sujet des lettres. Après quoi, la discussion reprit sur les tombes, durant plus de deux heures et demie. Mes propositions semblèrent à nouveau susciter l'approbation des nonnes, en particulier lorsque j'insistai sur l'offre à moindre coût de Massey's et sur les subventions promises par l'archevêque. En résumé, je ne leur demandais pas le moindre sou, seulement leur accord, charge à moi de lever les fonds complémentaires. Il fut donc convenu de nous revoir sous quinze jours, afin qu'elles nous fassent part de leur décision.

La réunion terminée, je rentrai chez moi, mon dossier et les lettres de ma mère sous le bras, encore bouleversée. Une partie de moi mourait d'envie de se jeter sur l'enveloppe pour la déchirer, mais une autre redoutait les conséquences de ce que j'allais y trouver. Au bout de deux jours, je décidai de me rendre au cimetière de Palmerstown sur la tombe de ma mère. J'avais emporté le dossier et les photos avec moi, et je lui parlai longuement. Malgré cela, impossible de me résoudre à lire les lettres.

Penchée sur sa tombe, je me remémorai les dernières années de sa vie, rongées par le cancer. J'étais restée à ses côtés durant toute la maladie et nous avions essayé de rattraper les années perdues, ce qui n'avait pas été chose aisée au début, tant que mon père était encore en vie. Il continuait, tyran cruel et despote qu'il avait toujours été, de nous gâcher l'existence. Cela ne m'avait pourtant pas empêchée de veiller sur lui les trois dernières années de son existence avec l'espoir, comme avant, de recevoir enfin une preuve de son amour. Pas une seule fois cet homme ne me demanda pardon pour ce qu'il m'avait fait, pas une seule fois il n'admit ses fautes. J'avais attendu en vain.

Après sa mort, j'avais continué de m'occuper de ma mère malade. C'était un soulagement de ne plus avoir à marcher sur des œufs à la maison par crainte de l'agacer et de déclencher une crise de rage. Maman et moi avions pu recommencer à zéro, et je suis heureuse aujourd'hui d'avoir eu l'opportunité de passer ces moments avec elle. Nous faisions tout ce que nous n'avions jamais eu le droit de faire, comme du shopping ou bien aller au restaurant. Nous évoquions le passé, les souvenirs qui faisaient rire mais surtout ceux qui faisaient pleurer. Toutes ces années, maman avait été rongée par le chagrin et la culpabilité.

Ses cinquante années de mariage avaient été cinquante années de souffrances. Douce et aimante, elle avait fait de son mieux pour protéger ses enfants, mais son mari la terrifiait et elle n'avait jamais osé lui tenir tête. Les derniers mois, son cancer, qui s'était généralisé, la faisait horriblement souffrir. Pourtant, à aucun moment elle ne s'est plainte. Un jour, je ne supportai plus de la voir endurer un tel supplice.

— Maman, tu n'es pas obligée de souffrir comme ça, tu sais. On peut te donner un comprimé ou bien te faire une piqûre contre la douleur.

Elle me regarda et répondit :

— Ma douleur et ma souffrance ne sont pas si terribles, tu sais. Rappelle-toi la Vierge Marie. Peux-tu imaginer pareille douleur que de voir son fils mourir sur la croix ? Je ne suis pas à plaindre, tu vois.

J'aimais ma mère, et elle me rendait cet amour. Cette femme qui m'avait si cruellement manqué enfant m'avait été rendue, et elle-même avait retrouvé la fille qui lui avait été enlevée. Notre vœu avait été exaucé : nous étions réunies.

Je me souviens, le matin de sa mort au Tallaght Hospital, de la magnifique lumière qui entrait par la fenêtre. Je savais que maman ne voulait pas me laisser, elle s'accrochait pour moi. La veille, le prêtre était venu me trouver.

— Kathy, vos frères et sœurs ont déjà fait leurs adieux à votre mère et lui ont dit qu'elle pouvait partir en paix.

Je devais moi aussi lui dire au revoir : c'était pour moi qu'elle ne voulait pas lâcher prise. Je l'avais veillée toute la nuit, comme toutes les autres nuits depuis six semaines. Le matin, une infirmière m'informa que son état empirait et qu'il valait mieux que je fasse venir la famille.

— Dites-lui que vous l'aimez, ajouta-t-elle, et laissez-la s'en aller.

Aucun d'entre eux ne se rendait compte de ce qu'ils me demandaient. Je refusais qu'on m'enlève ma mère une seconde fois. Nous venions juste de nous retrouver !

À mesure que la matinée avançait, son état s'affaiblissait à vue d'œil. Assise près d'elle sur le lit, je pris sa main dans la mienne et regardai cette femme que j'aimais plus que tout : ils avaient raison, ma mère était en train de mourir.

Je demandai à l'infirmière de nous laisser seules et regardai ma mère sans desserrer mon étreinte. Non, je ne voulais pas qu'elle parte ! Non, je ne voulais pas lui dire qu'elle pouvait me laisser ! Seulement ma mère en avait déjà suffisamment enduré, il était injuste de ma part de prolonger cette vie de souffrance.

Les yeux remplis de larmes, je pris une profonde inspiration.

— Je t'aime, maman. C'est bon, tu peux y aller. Tout ira bien.

Elle ouvrit les yeux et me sourit. Une larme s'échappa de son œil droit. Puis, poussant un profond soupir de soulagement, elle referma les yeux et s'éteignit paisiblement. Elle était enfin libre.

Je sentis une solitude sans fond m'envahir. Ma mère si douce et si gentille venait une fois de plus de me quitter, pour toujours cette fois. Le déchirement que cela me causa me projeta à l'âge de huit ans, la toute première fois que l'on m'avait séparée d'elle. Je me consolai toutefois en me disant que la vie nous avait finalement réunies et m'avait donné la chance, avant qu'elle ne s'en aille, de partager avec elle quelques bons moments. En dépit du passage du temps, ma mère était toujours restée dans mon cœur. Aujourd'hui encore, lorsque je touche le fond, je sais qu'elle est là et qu'elle veille sur moi. Sans sa foi en l'amour, je n'aurais certainement jamais pu survivre aux événements dramatiques de mon enfance ni à ma vie d'adulte.

C'est deux semaines après ma visite au cimetière, un dimanche matin, que je m'assis sur mon canapé et ouvris la fameuse enveloppe. J'en sortis une première page, que je reglissai aussitôt à l'intérieur, et ce, vingt fois de suite – rien que d'entrevoir l'écriture, je me sentais défaillir. Finalement, plusieurs tasses de café et une vingtaine de cigarettes plus tard, je trouvai enfin le courage d'entamer la lecture. Les larmes ne se firent pas attendre, et elles continuèrent de couler encore et encore, page après page, jusqu'à épuisement.

À 2 heures du matin, j'y étais encore, lisant et relisant en boucle les mêmes lettres. Celles-ci n'avaient beau faire qu'une page chacune, je ne m'en lassais pas ; je voulais me remplir d'elles, faire durer le moment. Ma mère n'avait jamais été aussi vivante, aussi présente qu'en cet instant.

Voici ce qu'elle m'avait écrit – le message d'amour que je n'avais jamais reçu :

> Ma chère Kathy,
>
> Je t'écris cette petite lettre pour te dire que papa et moi viendrons te voir ce dimanche. Je voudrais que tu laves bien ta grande poupée Laura car je suis en train de lui confectionner une jolie jupe et un manteau, et Jean lui fait un chapeau assorti. Elle sera toute belle, tu verras ! Comment vont tes deux petites camarades ? Dis-leur que je pense bien à elles. Je suis contente, on m'a dit que tu étais très sage. Si tu as besoin que l'on t'apporte quoi que ce soit, n'importe quoi, écris-moi pour me le faire savoir. Il faut que je te laisse à présent si je ne veux pas rater la levée.

En attendant de tes nouvelles, que Dieu te bénisse.

Nous t'embrassons bien fort,

Papa et maman.

Le message qui l'accompagne est adressé à la révérende mère.

Ma Mère,

J'ai écrit une petite lettre à Kathy, j'espère que cela ne pose pas de problème. Si vous pensez que j'ai eu tort, gardez-la, je le saurai en voyant qu'elle ne répond pas. J'espère qu'elle va mieux maintenant après cette grosse crise de larmes. Auriez-vous la gentillesse, ma Mère, de lui faire lire la lettre ?

Je vous remercie.

Ann O'Beirne.

Jusque-là, il m'avait été impossible d'accepter la mort de ma mère. Après cette nuit, je sentis pour la première fois que je pouvais tourner la page : ma mère était en paix. Où que j'aille aujourd'hui, elle est dans mon cœur et je sens sa présence réconfortante. Grâce à elle, je ne me suis pas fermée à l'amour et ma foi est toujours vivante.

Pour autant, je ne pourrai jamais pardonner aux nonnes pour ce qu'elles m'ont fait, pour tout ce qu'elles m'ont volé. Aujourd'hui encore, leurs manœuvres continuent : le second entretien qu'elles m'avaient promis lors de notre réunion au palais n'a pas eu lieu. Onze ans après le début de ma campagne, j'attends toujours leur autorisation pour intervenir à Glasnevin. Et n'oublions pas l'archevêque Martin, dont je n'ai jamais eu de nouvelles, après tout ce battage fait autour de notre rencontre !

Trois semaines après ma rencontre avec les religieuses, étant sans nouvelles d'elles, j'avais relancé une nouvelle série d'appels et de courriers : ils n'ont rien donné. En plus de ma demande concernant les tombes, j'ai depuis demandé officiellement aux nonnes que me soient restitués les originaux des lettres de ma mère – celles m'ayant été remises à la réunion n'étaient que des copies –, de même que le bracelet en argent que l'on m'avait confisqué à mon arrivée à l'école. À ce jour, malgré les courriers de mon avocat, je n'ai toujours aucune réponse.

Comment en est-on arrivé à une telle situation ? Ma requête concernant les tombes est-elle si extraordinaire ? Je ne leur demande pas de payer, pas même de s'impliquer, mais un simple petit « oui » pour pouvoir démarrer mon projet. J'imagine qu'elles pensent que donner leur accord reviendrait à reconnaître qu'elles ont mal agi – ce qui n'est, après tout, que la stricte vérité.

Peut-être que si l'une d'elles lisait ces pages, cela pourrait la faire réfléchir et répondre à mes lettres ? Quelqu'un va peut-être s'intéresser à mon histoire et décider de m'aider ? Peut-être le gouvernement va-t-il enfin honorer les excuses formulées il y a six ans ?

Le temps me le dira. En attendant, je vais continuer d'entretenir les tombes pour leur donner un semblant de dignité. Je vais maintenir mes efforts pour contacter d'autres Madeleines. Une vingtaine ont déjà été retrouvées ici à Dublin ; d'autres ont émigré en Grande-Bretagne ou aux États-Unis. Et je vais poursuivre mes visites à mes amies prisonnières des établissements psychiatriques de la ville. Je continuerai de leur apporter bonbons, cigarettes et peluches, et de leur donner un peu d'espoir : l'espoir que le monde extérieur ne les a pas complètement oubliées.

Je crois au soleil même quand il ne brille pas
Je crois en l'amour même quand je ne le ressens pas
Je crois en Dieu même quand Il ne répond pas.
Je CROIS, et c'est ce qui m'a sauvée.

Épilogue

Voici pourquoi j'ai souhaité raconter mon histoire. J'ai été battue et frappée, parfois au point de ne plus pouvoir marcher, parfois jusqu'à la fracture ; j'ai servi de cobaye pour des traitements par électrochocs et des médicaments de toutes sortes ; j'ai subi mes premiers attouchements à l'âge de cinq ans, puis ai été régulièrement abusée et violée à compter de l'âge de sept ans ; des mains nauséabondes ont bâillonné ma bouche pour m'empêcher de crier ; d'autres ont serré mon cou, et j'ai cru étouffer ; on m'a maintenue de force sous l'eau et menacée de multiples façons. J'étais une petite fille sans protection, qui avait peur de parler. Aujourd'hui, les blessures que l'on m'a forcée à tenir secrètes toutes ces années sont révélées au grand jour. Je suis meurtrie, certes, les cicatrices ne se refermeront jamais complètement, mais je n'ai plus peur. Je sais que j'étais une enfant innocente, terrorisée et sans défense. Je peux enfin construire ma vie.

Ces gens diaboliques ont abusé de leur autorité. J'étais comme un volcan au bord de l'éruption, il fallait que je raconte mon histoire, ils avaient causé trop de mal. Une petite voix en moi réclamait justice, pas seulement pour moi, mais pour nous toutes.

Fermer les yeux n'est plus la solution. La vérité à propos de ces êtres malveillants doit être dite, leur cruauté révélée au grand jour. Ils nous ont détruites, moi et beaucoup d'autres, voilà la réalité de la sainte Irlande catholique. Il est temps que tout cela s'arrête. Fini les secrets, la vérité doit éclater !

Mes courriers au *Taoiseach* Bertie Ahern et au président McAleese n'ont jamais abouti ; je n'ai reçu aucune proposition de rendez-vous. Si un jour ma demande était prise en compte, elle serait la même : une investigation sur l'exhumation des corps découverts en 1993. Je voudrais en outre que l'on m'explique pourquoi l'enquête amorcée il y a plusieurs années fut suspendue sans raison, et aussi pourquoi, lorsque je leur écrivis pour les alerter de la situation d'Elizabeth, je ne reçus que des réponses standard, comme à l'époque des exhumations, m'informant que ma requête avait été transférée à un autre service – une manière détournée de la débouter.

Le *Taoiseach* Bertie Ahern nous a présenté publiquement des excuses, il a reconnu les viols et les violences physiques et psychologiques perpétrés sur des milliers de petits garçons et de petites filles placés sous la protection de l'État. Mais les actes valent plus que les longs discours. Alors, Mr Ahern, je voudrais voir un peu ce dont vous êtes capable. N'avons-nous pas été suffisamment punies ? Comme moi, vous n'avez plus de raison d'avoir peur, soyez libre ! Ou bien avez-vous encore peur, Mr Ahern ?

Table

Cet ouvrage a été composé et mis en pages
par Facompo à Liseux

Impression réalisée par

CPI
Brodard & Taupin

La Flèche (Sarthe)
en mars 2009
pour le compte des Éditions de l'Archipel
département éditorial
de la S.A.S. Écriture-Communication.

Imprimé en France
N° d'édition : 2145 – N° d'impression : 51905
Dépôt légal : avril 2009